AF260184

LA GUYANE

ET

LA QUESTION PÉNITENTIAIRE

COLONIALE

(FORÇATS ET RÉCIDIVISTES)

14365. — PARIS, IMPRIMERIE A. LAHURE

9, rue de Fleurus, 9

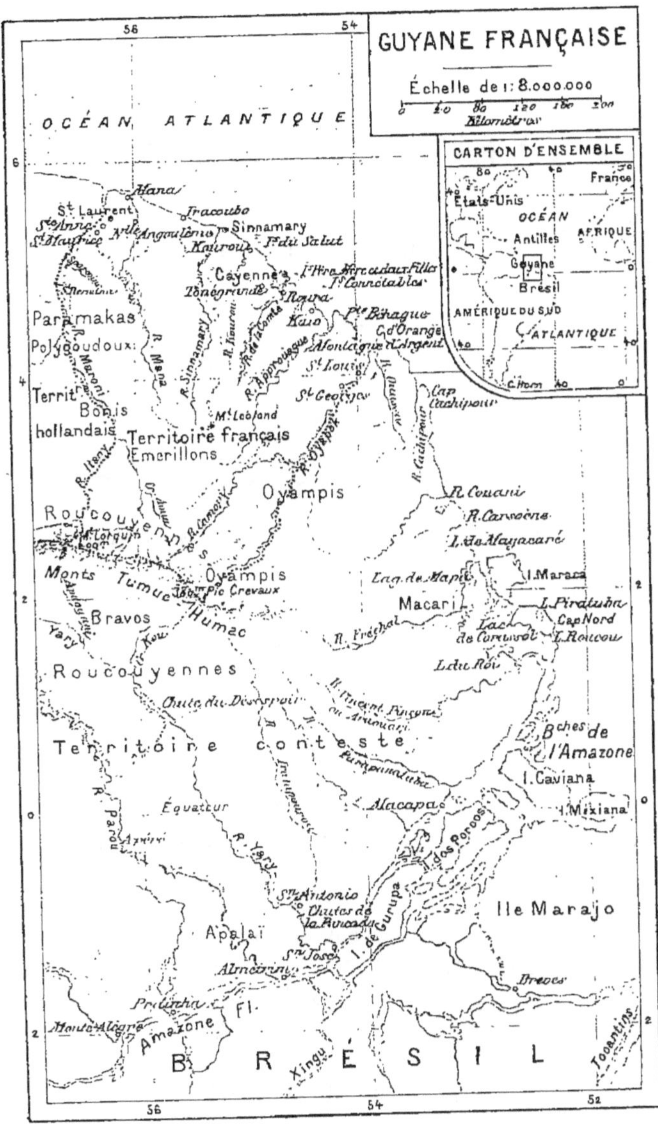

Carte extraite de la *France Coloniale*, par Alfred Rambaud.

Armand Colin & Cie, éditeurs.

LA GUYANE

ET

LA QUESTION PÉNITENTIAIRE

COLONIALE

(FORÇATS ET RÉCIDIVISTES)

PAR

Jules LEVEILLÉ

PROFESSEUR A LA FACULTÉ DE DROIT DE PARIS

PARIS

ARMAND COLIN ET Cie, ÉDITEURS

1, 3, 5, RUE DE MÉZIÈRES

LIBRAIRIE COTILLON

F. PICHON, SUCCESSEUR, IMPRIMEUR-ÉDITEUR

24, RUE SOUFFLOT, 24

1886

Tous droits réservés

LA GUYANE

ET LA QUESTION PÉNITENTIAIRE COLONIALE

(FORÇATS ET RÉCIDIVISTES)

Aspect général. — Le 23 octobre 1884, le président du conseil supérieur de santé écrivait au ministre de la marine : « Sauf l'îlot de Cayenne qui s'avance dans la mer, sauf les trois îlots d'origine volcanique qui portent le nom d'îles du Salut, la Guyane tout entière, depuis la rivière du Maroni jusqu'au territoire contesté, n'est qu'un vaste marais, dans lequel les Européens ne peuvent ni vivre ni travailler. »

Il y a dans ce document officiel deux choses, une brève description du terrain : la Guyane n'est qu'un vaste marais, et l'affirmation d'une loi fatale en quelque sorte : les Européens ne peuvent que mourir dans une telle colonie.

Je voudrais contredire cette description que je ne crois pas suffisamment exacte, et discuter cette prétendue loi que j'accuse d'exagération.

Je reconnais d'ailleurs que, si l'on veut comprendre le passé et le présent de la Guyane, il faut examiner avant tout comment la Guyane est construite et de quel climat elle a été dotée. J'esquisserai donc le pays avant de résumer l'histoire des hommes ; j'étudierai le théâtre de l'action avant d'étudier les acteurs.

LE PAYS

Le sol. — Quand le voyageur qui a traversé l'Atlantique arrive en Guyane et que, tournant le dos à l'Océan, il regarde du côté des Andes, qu'aperçoit-il devant lui ? Il voit, au premier plan, derrière un bourrelet de sable de largeur inégale et qui est rompu çà et là par le flot, une immense plaine, le plus souvent boisée, s'étendant jusqu'à quinze, vingt, quarante kilomètres au moins du rivage. Cette plaine, en général sèche l'été, inondée pendant l'hivernage, forme cuvette sur certains points, car son niveau est fréquemment inférieur au niveau des grandes marées. Cette plaine, où surgissent quelques rares mamelons, constitue les *terres basses*.

Mais, si le voyageur, tournant toujours le dos à l'Océan et regardant toujours du côté des Andes, avait l'œil plus puissant, s'il pouvait percer l'horizon, il apercevrait au loin, au second plan, par delà les terres basses, les *terres hautes* qui commencent. Elles lui apparaîtraient, s'élevant peu à peu, montant doucement vers le ciel, découpées en trois gradins successifs qu'on peut appeler, en marchant de l'est vers l'ouest, la *région des Cascades* ou des *Sauts*, puis le *plateau central* de l'intérieur, enfin, la *chaîne des monts Tumuc-Humac*. Sur chacun des trois gradins, des mornes ou pitons se dressent isolés, ne dépassant guère 300 mètres au-dessus de la mer dans la région des Sauts, 500 mètres sur le plateau central, 1000 mètres sur les monts Tumuc-Humac.

La Guyane n'est donc pas du tout un pays plat. Elle offre sans doute à l'Européen, qui descend de son navire, d'abord une terre basse; mais cette terre basse n'est que le rez-de-chaussée de la maison. La terre basse une fois franchie, la Guyane au contraire présente bientôt, à des altitudes progressivement croissantes, le triple et successif étage de ses terres hautes. L'histoire de la colonie s'est, il est vrai, principalement déroulée sur le littoral; les terres hautes ne sont guère parcourues que depuis trente ans, depuis qu'il y a des chercheurs d'or. Mais le rédacteur de l'avis du 23 octobre 1884, qui, prenant la partie pour le tout, la terre basse pour toute la Guyane, prononce cette sentence : « Le pays tout entier, du Maroni jusqu'au territoire contesté, n'est qu'un vaste marais », me rappelle ce touriste anglais qui, débarquant à Calais, remarque que la fille d'auberge qui le sert est rousse, et écrit gravement sur ses tablettes : En France toutes les filles d'auberge sont rousses.

Quant au sous-sol de la Guyane, il comprend ordinairement deux couches superposées : d'abord, à la surface, un terrain d'alluvion, composé très inégalement d'humus, de sable et d'une argile imperméable ; ensuite, à la partie inférieure, un lit de roche primitive où dominent le gneiss et le schiste.

Le climat. — La Guyane est caractérisée par l'abondance des pluies et par la permanence d'une température élevée. Deux saisons s'y partagent l'année : l'hiver, qui va de novembre à juillet et qui est surtout la saison humide et fraîche ; l'été, qui va de juillet à novembre et qui est surtout la saison sèche et chaude. La moyenne de la chaleur est de 28°; le maximum dépasse rarement 31°; le minimum ne s'abaisse guère au-dessous de 23°. Il pleut de 160 à 180 jours par an ; et la quantité d'eau tombée représente la hauteur considérable de 3 à 4 mètres.

La configuration du sol et le climat une fois indiqués, voyons les phénomènes réguliers qui vont se produire. Les pluies de l'hivernage s'abattent sur le pays. Une partie de ce torrent se jette dans les fleuves, en accélère le cours et se perd dans l'océan. Une autre partie lave et dénude le sommet des montagnes et des collines, enlève l'humus et l'entraîne au bas des vallées, où la végétation, sous la triple influence de l'eau, de la chaleur et d'une terre profonde, devient luxuriante. Enfin la majeure partie de cette masse liquide, roulant de gradin en gradin, se précipite des terres hautes sur les terres basses et s'accumule au bord de la mer dans l'immense cuvette, tapissée d'argile, qui la reçoit et qui la retient.

Quand l'hivernage a cessé, le soleil, qui n'est plus contrarié par la pluie, chauffe sans trêve ni merci la surface des terres basses; l'évaporation s'accomplit; les plantes et les poissons périssent dans la vase où grouillent les reptiles; on cherche en vain le lac que parcouraient naguère les canots; il ne reste plus, sur beaucoup de points, qu'un marais fétide où trop souvent le voyageur imprudent s'enlise et trouve la mort.

J'ai sommairement décrit la scène où va se dérouler l'histoire de la Guyane. J'aborde maintenant l'histoire.

LE PASSÉ DE LA GUYANE

La découverte. — En l'année 1500, un compagnon de Christophe Colomb, qui se nommait Vincent Pinçon, arrivait d'Europe sur la côte du Brésil. De l'Amazone il remontait jusqu'à l'Orénoque, et découvrait ainsi, en une seule campagne, toute la série des Guyanes : la Guyane brésilienne, française, hollandaise, anglaise, vénézuélienne. Je ne dois parler ici que de la Guyane française.

Premières tentatives de colonisation.—Pendant cent cinquante ans, la Guyane ne fut guère visitée que par des aventuriers. En 1604, ce sont des Gascons[1] ; en 1626[2] et en 1643[3], des Rouennais; en 1652[4] et 1664, des Pari-

---

1. Avec La Ravardière, qui baptisa la Guyane du nom de *France équatoriale*.

2. Avec Thomas Lombart.

3. L'entreprise de 1643 était dirigée par Poncet de Brétigny, un fou furieux, qui torturait les Français comme les indigènes : si bien qu'ils se réunirent contre leur tyran et l'assassinèrent.

4. C'est l'entreprise toute féodale dite des *Douze seigneurs*, qui devaient être les douze pairs de cette nouvelle France et avoir sous leurs ordres une hiérarchie de seigneurs fieffés et de tenanciers.

siens. Ils débarquent peu nombreux à chaque fois, légers d'argent, traînant à leur suite quelques centaines de blancs, qu'ils ont engagés pour trente-six mois, qu'ils payent mal, qu'ils nourrissent peu, mais qu'ils fouettent libéralement. Les chefs de ces expéditions ne sont pas des colons qui veulent défricher le sol, mais des oiseaux de proie en quête d'un butin. Ils vivent dans l'orgie ; ils se querellent entre eux ; ils brutalisent les indigènes ; bientôt ils disparaissent, dévorés par l'intempérance, par les discordes intestines et par la juste colère des Indiens. Ils ont fondu comme la neige au soleil.

C'est Colbert, le premier, qui s'inquiète sérieusement des affaires de la Guyane. Tout d'abord il crée, en 1664, la *Compagnie des Indes occidentales*, qu'il place sous le patronage du roi, et à laquelle sont concédées pour quarante ans toutes les possessions françaises comprises entre l'Amazone et le Labrador. Mais la Compagnie des Indes ne réussit pas. Colbert la supprime en 1674. Désormais il administrera lui-même pour le compte de la couronne les colonies d'Amérique. Sous son impulsion directe, la Guyane devient prospère ; c'est la période la plus heureuse qu'elle ait traversée. Colbert introduit dans la banlieue de Cayenne la culture de la canne, du coton, de l'indigo. On manquait de bras : d'une part, il se procure en Afrique par le moyen détestable, il est vrai, de la traite, quinze cents noirs ; d'autre part, il vide les bagnes de France. Il fait explorer l'intérieur du pays ; deux jésuites, les pères Grillet et Béchamel, remontent bravement l'Approuague, descendent l'Oyapok et reviennent mourir épuisés après un pénible voyage de cinq mois.

L'élan était donné ; le mouvement continue quelque temps encore ; en 1716, la Guyane devance toutes nos autres possessions dans la plantation du café ; en 1730, elle essaye la culture du cacao. En un mot, elle s'efforce de produire les denrées d'exportation, dont le pacte colonial lui assurait l'écoulement sur le marché métropolitain.

L'expédition du Kourou (1763). — Mais au dix-huitième siècle je rencontre un épisode douloureux dans

l'histoire de la Guyane, c'est l'expédition du Kourou.
Après la paix de 1763, qui nous avait coûté le Canada et
le Sénégal, Choiseul cherchait partout des compensa-
tions. Il tourne les yeux du côté de la France équi-
noxiale ; il se fait concéder par le roi toute la région comprise entre le Kourou et le Maroni avec faculté de
l'inféoder aux cadets de sa famille. Le chevalier Turgot,
frère du futur ministre de Louis XVI, est chargé d'orga-
niser l'affaire. Il réunit 15 000 personnes qu'il recrute
surtout en Alsace et en Lorraine, ou qu'il ramasse sur
le pavé des grandes villes. Il promet à tous une fortune
rapide. Les imprudents s'embarquent avec un lieutenant
de Turgot, M. de Champvallon, qui les dépose sur la plage
du Kourou, où rien n'était préparé pour les recevoir et
où les pluies de l'hivernage les surprennent. Les navires
avaient apporté des vivres, des médicaments, des outils ;
mais les cargaisons avaient été gâtées pendant le voyage
et l'humidité les acheva. Personne, au surplus, ne vou-
lait travailler de ses mains. En quelques mois, la dysen-
terie et la faim tuèrent 12 000 individus. Ce fut un effroyable désastre. Le chevalier Turgot, qui était resté
tranquillement à Versailles et dont l'imprévoyance avait
causé tout le mal, accourut tardivement et révoqua M. de
Champvallon. Cette révocation ne ressuscitait pas les victimes ; et cette fatale aventure a pesé longtemps et pèse
encore aujourd'hui de tout son poids sur la Guyane.

Administration de Malouet. — Un jeune homme,
M. de Malouet, avait vu partir de la Rochelle les malheureux émigrants ; il avait constaté l'incurie des orga-
nisateurs et prévu le dénouement du drame. Il obtint,
en 1776, le gouvernement de Cayenne. Malouet avait une
rare intelligence[1] ; il se dévoua corps et âme à ses fonc-
tions ; il étudia soigneusement le pays qui lui était con-
fié ; il fit ensuite à Surinam un long voyage d'instruction
et en ramena l'ingénieur Guizan, dont il avait deviné les
qualités et qui devint son collaborateur.

---

1. C'est lui qui inaugura à Cayenne la première *Assemblée coloniale*.

Malouet et Guizan mériteraient que la France leur dressât des statues, car ils furent d'éminents serviteurs de l'État. Ils voulaient fonder la fortune de la colonie sur l'agriculture. Ils avaient remarqué que la Guyane se divise naturellement en deux régions : la région du littoral ou des terres basses, trop souvent couverte par les eaux, la région des terres hautes qui s'élève par échelons jusqu'aux monts Tumuc-Humac. Malouet et Guizan avaient résolu de s'attaquer de préférence aux terres basses, dont la préparation sans doute exigeait plus d'efforts, mais qui devaient en retour fournir de plus belles récoltes.

« Il faut, disaient-ils, que nous renouvelions ici le miracle de la création. Nous séparerons la terre des eaux. Des digues solides protégeront les cultures contre la double inondation des pluies et de la mer ; le sol sera fouillé et machiné partout ; des canaux différents y seront creusés, indépendants les uns des autres, qui assécheront les terres mouillées, qui emmagasineront la force hydraulique, et qui permettront le transport économique des produits. Le fonctionnement de ces divers réseaux sera d'ailleurs assuré, aux points extrêmes de chaque domaine, par des écluses ou coffres simplement construits et aisément maniables. »

Le système de Malouet et de Guizan, qui consistait dans une vaste canalisation, n'avait rien de chimérique. Il a été, il est encore appliqué à Surinam et à Démérari.

J'ai remarqué toutefois que les Hollandais et les Anglais avaient fini par le pratiquer au bord des fleuves plus souvent qu'au bord immédiat de la mer ; c'est que les fleuves sont des voisins moins dévastateurs que l'océan. Le système dont je parle et que certains Cayennais préconisent toujours convient du reste mieux à la grande qu'à la petite culture. Il favorise la production des quantités, mais il exige l'avance de capitaux considérables, et il ne comporte guère l'emploi de la main-d'œuvre blanche : l'Européen ne vit pas longtemps quand il remue la boue ; le noir et l'Annamite seuls résistent.

Malouet ne garda son gouvernement que deux ans ; et

ce n'est pas en deux ans qu'un administrateur transforme l'économie rurale d'un pays.

La Révolution. — Malouet était à peine parti que la Révolution française éclata. La Guyane en fut secouée jusque dans ses fondements.

La Convention, en effet, proclama, en 1794, l'affranchissement des esclaves. Ceux-ci abandonnent aussitôt les habitations de leurs anciens maîtres, et partout la fabrication du sucre s'arrête. Vainement la Convention décrète-t-elle que le refus du travail est de la part des affranchis un acte contre-révolutionnaire, et que cet acte entraînera la peine capitale. Les ateliers ne se reconstituent qu'en 1802, quand le premier consul a rétabli l'esclavage et que la traite s'est réorganisée.

A la même époque à peu près, la colonie reçut de la métropole quelques victimes de nos discordes civiles, Barthélemy, Collot-d'Herbois, Billaud-Varennes, Barbé-Marbois, Pichegru, de nombreux prêtres insermentés. La plupart de ces proscrits avaient été frappés sans jugement par des adversaires politiques; ils avaient presque tous passé l'âge de la jeunesse et de la force ; ils étaient brusquement privés du confortable de la vie; ils furent principalement dirigés sur Sinnamary, où la mort les décima. Les survivants, revenus en Europe, ne contribuèrent pas peu, par leurs récits, à décrier la colonie.

LA GUYANE CONTEMPORAINE

La Guyane contemporaine date de 1848.

Le gouvernement provisoire, par le décret du 27 avril 1848, abolit l'esclavage dans nos colonies, et, du même coup, le décret qui établissait le suffrage universel se trouva applicable aux affranchis. La République accordait ainsi aux noirs la liberté et le droit de suffrage. M. Schœlcher avait préparé avec Arago l'acte d'émanci-

pation des esclaves ; il est resté un demi-dieu pour cette
race jeune qui a la mémoire du cœur. Comme les noirs
sont beaucoup plus nombreux que les blancs et que la
colonie possède depuis plusieurs années des municipa-
lités élues et un conseil général doté d'une large auto-
nomie, il est certain actuellement que les noirs sont les
maîtres de la Guyane.

L'abolition subite de l'esclavage, si légitime qu'elle
fût, ouvrit une crise violente. Le principe sacré, en vertu
duquel un homme ne peut devenir la propriété d'un
autre homme, triompha ; mais la prospérité de la colonie
fut ébranlée. Du jour au lendemain, en effet, sans transi-
tion, les ateliers chômèrent faute de bras ; les établissements sucriers furent fermés, et de grandes fortunes
patrimoniales s'effondrèrent pour toujours. Quand je par-
courais la campagne, il y a quelques mois, je rencontrais
trop souvent des vestiges du passé : ici des chaudières
abandonnées, là des cheminées d'usine abattues ; le sol
était jonché de ruines, et je me demandais, anxieux : La
Guyane pourra-t-elle jamais revivre ?

Je n'ai pas l'intention de raconter par le menu la
période contemporaine. Je négligerai de parti pris les
faits secondaires ; mais j'essayerai au contraire de mettre
en relief les deux événements majeurs qui caractérisent
à mes yeux la situation présente de la Guyane, je veux
dire la découverte de l'or et l'introduction des condamnés.

L'INDUSTRIE DE L'OR

Au seizième siècle, le bruit s'était répandu en Europe
que, au centre de la Guyane, au bord d'un lac mysté-
rieux, il existait une ville dont les maisons étaient cons-
truites avec des lingots d'or. La légende avait embelli
les choses[1]. Cependant il est désormais avéré que l'or se

1. On racontait que, quelque part dans l'intérieur des terres, était
une ville d'une richesse fabuleuse ; son souverain était des pieds à

trouve, soit en poudre, soit en filons, dans les alluvions et dans les quartz de la colonie. C'est un pauvre Indien, nommé Paoline, autrefois occupé dans les mines du Brésil, qui, ramassant de la salsepareille sur les rives du Haut-Approuague, crut reconnaître, en 1854, la présence du précieux métal. Le commandant du quartier, Félix Couy, se rendit aussitôt sur les lieux et vérifia la découverte de l'Indien. Mais les deux explorateurs ne profitèrent pas de leur expédition. Félix Couy fut, quelques mois après, assassiné par des rôdeurs, et Paoline s'éteignit dans la misère à l'hôpital de Cayenne.

La fièvre de l'or n'en gagna pas moins toute la Guyane ; et bientôt tous les travailleurs valides, qu'ils eussent la peau blanche ou la peau noire, désertant absolument tout autre métier, coururent aux pépites. Les *prospecteurs* se sont lancés dans toutes les directions, interrogeant avec plus d'ardeur que de science tous les terrains, retournant au fond des vallées les boues les plus malsaines, procédant au lavage des sables avec des instruments informes, nourris de vivres dont le transport à dos d'hommes et à longue distance avait quintuplé le prix, mais non la qualité. Ce fut une gigantesque loterie, qui enrichit quelques individus, mais qui en ruina et en tua un plus grand nombre.

Et quels coups portés à la morale publique ! Comme l'or représente une haute valeur sous un faible volume et qu'on le dissimule aisément, que d'ouvriers se sont habitués à grossir leurs salaires aux dépens du patron ! que de patrons se sont habitués à frauder le fisc qui ne perçoit plus que sur une fraction des quantités réellement exportées le droit de sortie de 8 0/0, principale recette du budget local ! Que de placers épuisés ou agonisants ont été mis en actions, avec des majorations audacieuses, actions que des intermédiaires sans scrupules passaient

la tête couvert de paillettes d'or ; on l'appelait *El Dorado* ou le doré. Pendant les seizième et dix-septième siècles, beaucoup d'aventuriers allèrent à la recherche de cette cité de l'or : bien peu en revinrent. Encore en 1720, un de nos gouverneurs de la Guyane, M. d'Orvilliers, faisait partir une expédition à la conquête de l'Eldorado.

ensuite à des acheteurs naïfs ! Les fortunes gagnées dans
l'or ne demeurent guère en Guyane ; les millionnaires
sortent au plus tôt de la fournaise, et presque tous viennent en France, comme des sages, remiser leurs capitaux
et manger leurs revenus.

L'industrie de l'or est peut-être à la veille d'une
transformation radicale. D'habiles ingénieurs ont entrepris récemment d'extraire le métal, non plus des alluvions de la surface, mais des veines du quartz. Seulement
le traitement du quartz aurifère exige l'établissement
d'un outillage très coûteux. Il a fallu importer d'Europe
et monter péniblement des machines assez puissantes pour
broyer la pierre. Si ce procédé nouveau réussit — nous
le saurons dans quelques mois, — la production de l'or
se régularisera, et je crois que ce progrès technique pro-
fitera aux compagnies honnêtes et au budget local.

Quoi qu'il en soit de l'avenir, je ne saurais trop souli-
gner ce fait significatif : dans notre colonie, l'homme ne
remue la terre, il ne fouille plus le sol que pour y chercher de l'or. C'est, à la lettre, l'unique agriculture et
l'unique industrie du pays. La Guyane libre n'est plus
qu'un *placer*.

LE PROBLÈME PÉNITENTIAIRE

Position de la question. — A côté de la Guyane *libre*,
il y a une Guyane qu'on pourrait appeler par antithèse
pénitentiaire. Je vais étudier là sur le vif une grave et
douloureuse question sociale ; on me pardonnera de l'exposer avec quelque étendue.

Nous soutenons encore en France cette doctrine qu'il
est possible de coloniser au moyen de la main-d'œuvre
pénale. Nous n'avons pas seulement écrit cette théorie
dans nos lois ; nous l'avons pratiquée depuis trente ans.
J'ai été chargé récemment par le ministère de la marine,
en ma qualité de criminaliste, de visiter la Guyane ; et je

voudrais exprimer ici ce que je pense et du système en général et de l'application particulière qui en a été faite autour de Cayenne.

Lorsque nous transférons au delà des mers certaines catégories de malfaiteurs, nous visons en réalité un double but. Nous voulons assainir la métropole ; nous voulons féconder des terres nouvelles. Nous expulsons du continent, où toutes les places sont prises ou disputées, des condamnés qui y sont nuisibles et qui y souffrent ; et nous les conduisons au loin sur de larges espaces où la population manque et où ces malheureux trouveront plus aisément l'emploi de leurs bras. Dans un autre ordre de faits, la Ville de Paris ne procède-t-elle pas de même, quand elle rassemble ses eaux d'égouts et qu'elle les répand sur la plaine sablonneuse de Gennevilliers, où ces eaux s'épurent et fertilisent un sol naturellement pauvre ? Dans l'un comme dans l'autre cas, il s'agit au point de départ d'éliminer des ferments, il s'agit au point d'arrivée d'utiliser des forces.

La transportation pénale par conséquent s'analyse en deux actes successifs. Le premier acte, qui est l'expulsion d'êtres dangereux, constitue une opération des plus simples ; la métropole, désireuse d'accroître sa sécurité, ne sera même que trop souvent tentée d'exagérer et de pousser à fond ce balayage des éléments malsains qui l'encombrent et qui l'inquiètent. Mais le second acte de l'entreprise, à savoir la fondation par delà l'Océan d'une société nouvelle au moyen des balayures du continent, voilà la partie délicate et ardue de la tâche.

Dans la transportation pénale, ce n'est donc pas le côté métropolitain, si intéressant qu'il soit, c'est le côté colonial du problème qui doit fixer l'attention ; car c'est là que réside la vraie difficulté de l'œuvre. C'est cette question ainsi définie, ainsi limitée que je vais examiner.

Pour qu'un gouvernement puisse sérieusement compter qu'avec des convicts il formera quelque part, à des milliers de lieues de Paris, des sociétés nouvelles et viables, il faut que, par le texte de ses lois, par l'esprit de tous ses actes administratifs, il ait tenu à ces misérables un langage d'une absolue clarté; il faut en quelque sorte qu'il ait dit carrément à chacun d'eux, à l'instant de l'embarquement :

« Je te chasse d'Europe, tu n'y reviendras jamais. Je vais te transférer en Amérique ou en Océanie, tu n'en sortiras plus.

« Tu ne vivras là-bas que des fruits de ton travail. Je te donnerai du pain, parce que même un indigne ne doit pas mourir de faim ; mais si tu veux à ton pain sec ajouter du vin ou de la viande, tu devras le gagner. Les ouvriers honnêtes, après tout, ne gagnent leur nourriture quotidienne qu'à la sueur de leur front. Plus heureux que les ouvriers honnêtes, tu ne connaîtras pas le chômage, car je te procurerai toujours de la besogne, et tu passeras tes dernières années dans un pays tempéré, où tu auras la certitude de te suffire, pourvu que chaque jour tu fatigues tes bras.

« Si, oubliant la dure leçon qu'on t'inflige, tu commets encore un crime, tu seras puni et brisé sans pitié ; tu ne dois pas, par l'exemple de ton impunité, risquer d'en égarer d'autres.

« Si, regrettant ton passé, tu veux recommencer une autre vie de l'autre côté de l'Océan, je t'accorderai sous toutes les formes l'appui le plus énergique. Je te concéderai de la terre, je te permettrai le mariage, je te restituerai successivement les droits que tu auras perdus. J'aiderai en un mot de toutes les façons à ton relèvement moral et social là-bas. »

Voilà, si je ne me trompe, quelle doit être la situation faite au convict, pour que le convict se résolve à devenir l'auxiliaire actif de la colonisation.

Il faut que l'expatrié ne conserve aucun esprit de retour. Il faut qu'il soit sévèrement astreint au travail et que pour lui le travail soit la condition presque littérale de la vie. Il faut que le gouverneur qui le recevra là-bas le traite impartialement, et, selon ses mérites, le châtie avec rigueur ou le récompense avec une générosité intelligente. Aussi l'administration locale doit-elle être armée de toutes pièces ; elle ne sera jamais trop armée, éloignée qu'elle est .de la mère patrie ; mais il faut à l'inverse qu'elle puisse toujours .se désarmer elle-même, suivant la conduite individuelle des condamnés et suivant la diversité des cas.

Ainsi, une législation ferme, des administrateurs éclairés et comprenant la complexité de leur mission, une terre suffisamment salubre, voilà les conditions d'existence de la colonisation pénale.

Avons-nous trouvé réunies ces conditions heureuses, ces conditions essentielles de la colonisation pénale, en Guyane, dans l'administration pénitentiaire que nous avons instituée, et dans nos lois répressives de 1850, de 1854 et de 1885 ? C'est le sujet scabreux et brûlant que j'aborde maintenant.

Nos lois d'expatriation des malfaiteurs. — Nous avons décidé que nous expulserions de France les condamnés à la *déportation*, aux *travaux forcés* et à la *relégation*. Les lois de 1850, de 1854, de 1885 ont-elles créé des convicts utilisables dans nos possessions d'outre-mer ?

Les *déportés* sont des condamnés politiques. Ils ne sont pas obligés au travail ; ils gardent au plus haut degré l'esprit de retour ; ils attendent obstinément une amnistie qu'ils espèrent prochaine ; ils savent que, revenus dans la métropole, ils se reclasseront aisément ; ils sont regrettés par leurs amis ; ils rentreront fièrement dans leurs foyers. Les déportés n'ont jamais été pour la Guyane et pour la Nouvelle-Calédonie que des hôtes de passage. En dépit des textes, il n'y a point en France de châtiment perpétuel pour les condamnés politiques. Nous ne coloniserons jamais, nous n'avons jamais colonisé avec des déportés. Nous devrions abolir la déportation, qui coûte cher et qui ne produit rien. Les conspirateurs, les émeutiers encourraient le bannissement ou la détention.

On peut au contraire coloniser avec des *forçats*. Les forçats sont des condamnés de droit commun ; ils ont tué, incendié, volé. Sans doute les forçats ont le tempérament violent ; mais leur crime souvent n'est que le crime d'une heure. J'estime même que notre législation est parfois cruelle, qui expatrie ainsi les coupables d'une seule faute, d'une première faute. Je reconnais du moins que les forçats peuvent, sous la direction d'un gouverneur habile, fournir des ouvriers solides. Ils ont le bras vigoureux; au point de vue moral ils ne sont pas irrémédiablement gangrenés; ils peuvent être redressés; ils peuvent servir. La loi de 1854 permet à l'administration de leur demander beaucoup. Les forçats, en effet, doivent être employés aux corvées les plus pénibles; ils sont assujettis à la discipline militaire; ils peuvent, après une période d'expiation, obtenir une concession de terres et l'autorisation de se marier ou de s'engager chez un patron. Le législateur de 1854 a donc bien combiné le type de la *transportation*[1].

Je n'en dirai pas autant de la loi désormais célèbre du

1. Je reproche toutefois à la législation de 1854 deux lacunes :

1º Le forçat *en cours de peine*, qui commet une nouvelle infraction, comparaît bien devant le conseil de guerre, mais en vérité cette comparution n'est trop souvent pour l'accusé qu'une promenade dérisoire. Le conseil, en effet, prononcera-t-il contre le forçat, à raison de l'infraction nouvelle, quelques années d'emprisonnement ou de reclusion? L'emprisonnement ou la reclusion ne s'exécutera pas sur-le-champ, parce que le forçat doit avant tout terminer la peine plus élevée des travaux forcés, qui est en cours. Le conseil prononcera-t-il contre le forçat, à raison de l'infraction nouvelle, dix, vingt, quarante ans de travaux forcés? Ces dix, vingt, quarante ans nouveaux prendront rang après la peine ancienne des travaux forcés que subit actuellement le malheureux. L'arrêt d'hier semblera toujours à ces cyniques, une sentence fictive, puisque l'arrêt d'hier n'opérera, s'il opère jamais, que dans un très lointain avenir.

2º Le forçat *libéré* ne peut plus, s'il a faim, recourir aux bons offices de l'administration qui ne lui doit plus rien; mais d'autre part il échappe à l'action disciplinaire de l'autorité; il est devenu son maître; il a tellement souffert autrefois de la servitude qu'il abuse presque fatalement des premiers mois de son émancipation; il contracte vite des habitudes de fainéantise, de vagabondage, d'insubordination; et la masse flottante et déguenillée des libérés présente au bout de quelques années un danger public pour les colonies pénitentiaires. Il n'est pas un des amiraux qui ont gouverné la Guyane et la Calédonie qui n'ait dénoncé le péril de la situation, et le péril ne peut qu'empirer avec le nombre croissant des libérations.

A la condition qu'on la renforce sur les deux points que je viens de toucher; la loi de 1854 est un instrument sainement compris et admirablement trempé.

27 mai 1885, qui a prescrit la *relégation* en Guyane ou en Calédonie des récidivistes d'habitude.

Assurément j'approuve que le législateur expulse de France les *récidivistes* de profession. Je crois même que l'expatriation des récidivistes de profession se justifie mieux que l'expatriation des hommes condamnés aux travaux forcés pour une première faute. Mais ce que je n'ai pu accepter encore, c'est l'invention de ce type malvenu qui s'appelle la *relégation*.

La loi, si remarquable, de 1854 avait été préparée par le ministère de la justice et par le ministère de la marine. La loi, si défectueuse, du 27 mai 1885 a été au contraire préparée par le ministère de l'intérieur seul, sans le concours actif ni de la justice, ni de la marine. Le ministère de l'intérieur, qui dirige avec une compétence que je ne discute pas les prisons du continent, a montré, en formulant son système de relégation, à quel point il était étranger aux questions pénitentiaires coloniales.

Il était pourtant facile de régler la situation des récidivistes de profession. Tout pouvait tenir en deux lignes limpides : 1° Il fallait décréter contre ces incorrigibles une peine unique, d'une force et d'une souplesse éprouvées, la *servitude pénale* anglaise; 2° Il fallait tempérer la servitude pénale par la *mise en liberté conditionnelle*, qui eût joué le rôle d'une soupape de sûreté.

La servitude pénale, telle que les Anglais l'ont conçue, met à la disposition de l'État les malfaiteurs les plus redoutables. L'État les occupe où il veut, et comme il veut. Il peut les maintenir sous les verrous ou au grand air; il peut les installer dans une île d'Europe ou les expédier dans une colonie. Avec la servitude perpétuelle, l'État gardait toujours sous le coup de la peine les condamnés; il les cantonnait; il les déférait, le cas échéant, à des juridictions rapides; il leur imposait le travail. Il ne frappait pas sans cesse, mais il était constamment prêt à frapper. Contre des indignes éternellement suspects, il n'était pas mauvais que la société eût une arme toujours chargée, dût en fait cette arme n'être pas déchargée.

Le ministère de l'intérieur malheureusement ne s'avisa

point d'infliger au récidiviste une peine [unique; il ne songea pas un instant au type anglais de la servitude qui lui eût fourni la solution technique du problème. Il imagina de fractionner péniblement la répression en deux morceaux. Il décida que le récidiviste d'habitude encourrait l'un après l'autre deux châtiments distincts : 1° le récidiviste d'abord devait subir en France, pendant quelques mois ou, quelques années, la peine *temporaire* de l'emprisonnement ou de la reclusion ; 2° le récidiviste devait subir ensuite aux colonies la peine *perpétuelle* de la relégation. Si l'on rapproche les deux parties du système, il semble du moins que la peine temporaire de l'emprisonnement ou de la reclusion va constituer un châtiment inférieur, tandis que la peine perpétuelle de la relégation va constituer un châtiment plus dur.

Eh bien, non ! Par une inversion hardie, le ministère de l'intérieur change tout cela : il déclare que l'emprisonnement ou la reclusion à temps constituera la peine principale, tandis que la relégation à vie constituera une peine simplement accessoire. Ce contresens initial une fois commis, il en tire aussitôt une conclusion doctrinale. Le récidiviste qui aura terminé en France la peine d'emprisonnement ou de reclusion sera considéré comme un *libéré* à l'instant où il débarquera dans la colonie. Cependant il n'est en réalité libéré que d'une première peine (l'emprisonnement ou la reclusion), il n'est pas libéré de la seconde peine (la relégation). Mais pour le ministère de l'intérieur la première peine seule doit compter, puisqu'il l'a qualifiée *principale ;* la seconde peine ne doit pas compter, puisqu'il l'a qualifiée *accessoire.* Et maintenant ce récidiviste, qui arrive dans la colonie à l'état de *libéré*, comment y sera-t-il traité ? Le ministère de l'intérieur, avec un imperturbable sang-froid, déduit du malencontreux principe qu'il a posé des conséquences follement logiques. Puisque le relégué est un *libéré*, il circulera sans entrave dans toute la colonie ; il travaillera ou ne travaillera pas, à son gré ; s'il tue ou s'il vole, il sera justiciable des tribunaux ordinaires ; il jouira, en un mot, du droit commun ; oui, cet homme,

dont la métropole ne veut plus et qu'elle repousse loin
d'elle, ce malfaiteur chevronné, étant un *libéré*, pourra
sur une terre française se réclamer du droit commun
des honnêtes gens !

Le système que le ministère de l'intérieur avait ainsi
bâti n'était pas viable. Il contenait des erreurs énormes.
Son organisation fantaisiste de la *relégation* notamment
mettait en péril la sécurité et l'existence des colonies.
Est-il besoin que je détaille ces erreurs ?

Le projet accordait au récidiviste, parvenu à Nouméa
ou à Cayenne, le titre de *libéré*; et par là il désarmait
maladroitement l'administration pénitentiaire. Est-ce que
l'exemple des forçats libérés si indisciplinés n'était pas
instructif à cet égard, ou bien ce précédent authentique
était-il inconnu des bureaux de l'intérieur ?

Le projet n'imposait pas au relégué le travail; et par là
il tuait d'avance toute colonisation par la relégation.
Est-ce que l'exemple éclatant et récent des *déportés* oisifs
de la Commune n'avait pas été décisif à ce propos, ou
cet autre précédent était-il aussi ignoré que le premier ?

Le projet autorisait le récidiviste à circuler partout
dans la colonie; et par là il rendait possible, dans la
capitale de la Guyane ou de la Calédonie, cette concen-
tration des masses dangereuses, dont le directeur de la
sûreté générale au ministère de l'intérieur s'inquiète
d'ordinaire et s'est toujours justement inquiété.

Mais le projet n'avait pas seulement pris à rebours et
manqué le régime de la *relégation*. Il avait, comme à plai-
sir, porté le mal au maximum, en disposant que tous les
repris de justice qui auraient encouru un nombre déterminé de condamnations, devraient être, sans excep-
tion possible, condamnés par les magistrats à l'expatriation perpétuelle. Il ne s'agissait plus dès lors d'introduire
en Guyane ou en Calédonie quelques individus isolés,
mais de déchaîner sur deux petites villes de cinq à dix
mille âmes, Nouméa et Cayenne, une véritable invasion
de barbares, et quels barbares !

Il est trop clair qu'un tel projet n'organisait pas, il
désorganisait la colonisation pénale; et, du même coup, il

empêchait toute colonisation libre de s'établir ou de s'affermir en Guyane et en Calédonie.

La Chambre des députés fut saisie des textes qu'avait rédigés le ministère de l'intérieur; elle discuta surtout une question de principe : convenait-il d'expatrier les malfaiteurs de profession? elle négligea presque de fixer le régime de la relégation; sur ce point qui lui parut à tort secondaire, elle enregistra complaisamment et distraitement les propositions étonnantes du gouvernement.

Le vote favorable de la Chambre communiquait au système du ministère de l'intérieur une autorité qu'en lui-même ce système ne comportait pas.

C'est alors que j'entrepris contre le projet, qui n'avait plus besoin que de la ratification du Sénat, une campagne réfléchie, résolue, que j'ai entamée, que j'ai poursuivie et que je continuerai, dans l'intérêt du droit. Je ne me dissimulais pas qu'il fallait remonter un courant puissant et que je devrais lutter à la fois contre l'indifférence paresseuse des uns et contre l'amour-propre engagé des autres. Heureusement je ne fus pas seul à combattre. Les gouverneurs de la Guyane et de la Calédonie, qui n'avaient pas le désavantage d'être comme moi de simples théoriciens, signalèrent, de Nouméa et de Cayenne, les erreurs commises; et nos critiques se rencontrèrent dans un accord significatif. L'honorable sous-secrétaire d'Etat à la marine, M. Félix Faure, reconnut bientôt que le système dont la mise en œuvre allait lui incomber était inexécutable. Dans la commission du Sénat, trois hommes d'une haute valeur, MM. Albert Grévy, de Freycinet et Labiche, refusèrent leur adhésion aux règles imprudentes qu'avait imaginées le ministère de l'intérieur. Enfin dans le cabinet Brisson, M. Allain-Targé, soutenu, je le sais, par un de ses plus éminents collègues, exprima le contraire de l'enthousiasme pour les idées qui avaient prévalu au Palais-Bourbon.

Ces résistances fermes et motivées n'ont point été inutiles.

Le Sénat, grâces lui en soient rendues, a profondément modifié l'économie du projet primitif.

Nous avons pu glisser dans une loi du 14 août 1885, due à l'initiative d'un vrai jurisconsulte, M. Bérenger, un tout petit paragraphe, permettant à l'administration de ne pas expatrier tous ceux que les tribunaux auraient dû condamner à la relégation ; et nous avons ainsi réduit de beaucoup, au double profit des finances métropolitaines et de la sécurité des colonies, le nombre des relégués.

Nous avons obtenu, dans la loi même du 27 mai, complétée par le règlement de novembre 1885, que les récidivistes qui n'auraient pas des moyens d'existence dûment constatés seraient astreints au cantonnement, au travail et à des juridictions spéciales. Le fameux droit commun des honnêtes gens n'a plus été réservé, d'après la loi du 27 mai complétée par le règlement de novembre, qu'aux récidivistes qui auraient à la fois des rentes et de bonnes mœurs. Je crois que, dans le monde des repris de justice, cette fleur des pois ne sera pas des plus abondantes ; et, dès lors, presque tous les récidivistes seront, depuis la loi du 27 mai, à peu près assimilés aux forçats. Nous voilà loin des propositions aimables et désordonnées du ministère de l'intérieur.

Je n'ai pu obtenir toutefois que la qualification de *libéré* fût rayée de la loi.

Je le regrette ; car de ces solutions à bâtons rompus, votées les unes par la Chambre, les autres par le Sénat, il est résulté finalement un système hybride, qui troublera longtemps, je le crains, les criminalistes amis de la logique et soucieux de la ligne droite.

Le récidiviste de profession en effet — j'écarte bien entendu le récidiviste repenti et rénté — le récidiviste, dis-je, d'après la loi du 27 mai, après avoir accompli son temps d'emprisonnement ou de reclusion, sera conduit dans une colonie ; et là, en qualité de *libéré*, il subira comme *peine accessoire* la transportation ! J'affirme que ce malfaiteur subira la transportation, n'en déplaise aux amateurs d'équivoque : ne sera-t-il pas expatrié? et dans la colonie pénitentiaire n'encourra-t-il pas le cantonnement, le travail obligatoire, les juridictions spéciales? or l'expatriation, les juridictions répressives spéciales, le cantonnement, le travail obligatoire, ne sont-ils pas les signes caractéristiques de la transportation? La *relégation* de la loi du 27 mai, est, en définitive, devenue un pseudonyme de la transportation.

Je suis donc à peu près parvenu à mes fins. Mais ce qui me choque, comme jurisconsulte, dans la loi du 27 mai, c'est qu'elle nomme *libéré* (art. 12 et 16) un homme qu'elle traite comme un *forcat* en cours de peine, c'est qu'elle nomme accessoire (art. 15) un châtiment aussi sévère, aussi principal que la transportation. Que ces deux mots de libération et de peine accessoire soient biffés, que cette erreur de doctrine contre laquelle je proteste soit corrigée, la loi du 27 mai se tient aussitôt, elle acquiert de l'unité. Mais dans sa dernière formule la loi du 27 mai est pleine d'incohérence. Il est vrai que, même incohérente, je la préfère au projet primitif du ministère de l'intérieur, qui était, lui, marqué au coin de l'imprévoyance[1].

Je me suis trop longuement étendu peut-être sur ce grave et difficile problème de législation. Mes conclusions du moins seront brèves et claires.

Nous avons à l'heure actuelle trois peines qui se subissent dans nos possessions d'outre-mer: la *déportation* de la loi de 1850, la *transportation* de la loi de 1854, la *relégation* de la loi de 1885. C'est trop de deux.

La déportation est une peine coûteuse et inféconde qu'il faudrait abolir. Il y aurait lieu également de supprimer la relégation, si jeune qu'elle soit, mais qui ne se distingue plus en dernière analyse de la transportation que par l'étiquette du sac. Nous ne devrions conserver que la transportation, qui seule est un type net, franc et bien

---

1. J'ai constaté que le Sénat avait heureusement transformé le projet. Le Sénat a pourtant pris deux résolutions fâcheuses. Il a rejeté sans motif plausible l'excellent amendement de M. Ganne, aux termes duquel tous les prisonniers de France pouvaient, à titre de volontaires, solliciter la transportation. Il a de plus ravivé inconsidérément chez les récidivistes l'esprit de retour dans la métropole, en décidant que les relégués pourraient, après six ans de colonie, réclamer leur rapatriement. Ces deux résolutions ne seront pas favorables au développement de nos établissements pénitentiaires d'outre-mer.

combiné. Mais la transportation, suivant moi, ne devrait
atteindre[1] que les récidivistes d'habitude. L'expatriation
est excessive, quand on l'inflige à des hommes condamnés
pour une première faute aux travaux forcés ; ces débu-
tants devraient être envoyés à la maison centrale ; je ne
voudrais chasser de France que des repris de justice,
ayant déjà supporté autrefois la prison et ne s'y étant pas
amendés.

En un mot, si l'on n'ose pas créer la servitude pénale,
je ne maintiendrais que la peine créée par la loi de 1854,
mais, par un virement raisonné, je la réserverais aux malfaiteurs de profession qu'a visés le législateur de 1885.

Notre administration pénitentiaire coloniale. —
Mais il ne suffit pas d'avoir des lois répressives bien con-
struites ; il faut que ces lois soient bien appliquées. Avons-
nous su constituer à Paris et dans nos possessions d'outre-mer une administration pénitentiaire qui fût à la
hauteur de sa tâche ?

On sait comment les choses sont réglées à Paris. Deux
ministères président séparément à l'exécution des condamnations. L'intérieur a dans ses attributions les peines
qui se subissent en France, la marine, au contraire, les
peines qui se subissent en Guyane et en Calédonie. Cette
division est bonne, quoi qu'on en ait pu dire ; elle assure
d'une façon très simple, dans chacun des deux départe-
ments intéressés, la valeur technique du personnel ; les
hommes à compétence universelle sont rares, si tant est
qu'ils existent.

Le ministère de l'intérieur a récemment essayé, à propos de la loi de 1885, de mettre la main sur les peines
coloniales. Je ne vois pas ce que le pays aurait gagné à
cette révolution de palais. Le ministère de l'intérieur est
déjà pléthorique ; pourquoi poursuivrait-il des annexions ?
A-t-il donc résolu les problèmes spéciaux qui s'imposent
à son activité ? A-t-il, par exemple, achevé la conversion
des prisons départementales en établissements cellu-
laires ? en a-t-il converti la moitié ? en a-t-il converti le

_____
1. En dehors des transportés volontaires de l'amendement Ganne.

quart ? a-t-il découvert, a-t-il expérimenté les moyens de
moraliser les détenus qui en sont à leur première chute
et qui sont ses clients naturels? Ce sont là des questions
assez importantes pour qu'elles l'absorbent longtemps
encore. Je n'aimerais pas, pour mon compte, que le ministère de l'intérieur envahit les peines coloniales; je me
souviens avec quelque tristesse du projet de loi sur la
relégation, qu'il avait présenté à la Chambre, qu'il avait
fait voter par la Chambre, et qui aurait pour jamais ruiné
en France, s'il n'avait pas été métamorphosé en temps
utile, l'avenir des idées de transportation.

C'est que, à mon sens, les peines coloniales diffèrent
des peines continentales, comme le jour de la nuit. Elles
ne s'adressent pas aux mêmes coupables ; elles ne fonc-
tionnent pas sous les mêmes climats ; elles n'entraînent
pas les mêmes contacts avec la population libre ; elles ne
comportent ni le même régime, ni la même fin. Les
unes se résument en une répression qui passe, les autres
constituent un déracinement violent du sol natal. Les
peines coloniales, après tout, ont été imaginées parce
que les peines continentales avaient échoué; et les chi-
rurgiens de la marine n'interviennent qu'auprès des malades que les médecins de l'intérieur, en dépit de leur
science et de leur dévouement, n'ont pu guérir[1].

Mais ce n'est pas à Paris seulement, au ministère de la
marine, qu'il nous faut posséder une administration centrale, qui veille avec intelligence et vigueur à l'accom-
plissement des peines coloniales. Il faut de plus, en

1. J'ai parfois entendu soutenir cette thèse que l'exécution de
toutes les condamnations criminelles ou correctionnelles devrait dépendre, non pas de l'Intérieur, non pas de la Marine, mais de la
Justice; l'unité des doctrines, l'harmonie des actes seraient la conséquence d'une telle centralisation. Il y a du vrai dans cette proposition qui relèverait le ministère de la Justice d'un effacement immé-
rité. Aussi accepterais-je volontiers pour ma part cette proposition,
mais en l'amendant. Je crois, en effet, qu'un conseil supérieur des
questions pénitentiaires devrait être institué au ministère de la
Justice, dans lequel seraient représentés à côté des magistrats, inter-
prètes habituels et autorisés de la loi, l'Intérieur et la Marine qui
garderaient leurs attributions respectives et leur rôle actuel de ministères d'exécution. Nous aurions ainsi une tête et deux bras.

Guyane et en Calédonie, que nous instituions sur place, à un degré hiérarchique inférieur, sans doute, une administration pénitentiaire spéciale, soumise à l'impulsion de Paris, au contrôle de Paris, mais dotée cependant d'une certaine liberté de mouvement. Les chefs de cette administration locale ont été choisis par le ministre ; ils ont obtenu sa confiance ; tant qu'ils en restent dignes, ils ne doivent pas être serrés de trop près, ils ne doivent pas être garrottés dans la vie de chaque jour. Assurément Paris doit chaque année examiner et arrêter d'avance le plan de campagne. Paris doit exiger que ce plan, une fois arrêté, soit scrupuleusement suivi. Mais Paris ne peut pas ordonner à distance les détails. Paris malheureusement ne communique électriquement ni avec Cayenne ni avec Nouméa.

L'administration pénitentiaire locale n'a été détachée en Guyane et en Calédonie des autres services coloniaux qu'à une date récente. Elle n'a véritablement pris corps, comme service en un certain sens autonome, qu'en 1874 et en 1878 ; j'aurais souhaité pour la bonne conduite des affaires qu'elle fût née plus tôt. Je n'ignore pas que la Pénitentiaire, comme on l'appelle à Cayenne et à Nouméa, a suscité bien des critiques et soulevé bien des colères ; elle a été jalousée par les uns, diffamée par les autres. Elle possède un budget qui fait envie à des caisses plus pauvres ; elle a froissé les conseils généraux dans la question brûlante des propriétés domaniales ; on lui a reproché d'abaisser le prix de la main-d'œuvre, on lui a reproché de concurrencer le travail libre ; on l'a accusée de tout et du reste. Je connais même un gouverneur, très zélé pour le bien public, qui fulminait sans cesse contre la Pénitentiaire et qui la dénonçait à tout venant comme un État dans l'État. Je pense que la Pénitentiaire, c'est en effet l'État, poursuivant à travers mille obstacles une entreprise de haute portée sociale ; et j'estime que les gouverneurs de la Guyane et de la Calédonie ont l'obligation étroite, non de saper, mais de défendre dans la mesure du juste une institution qui est, à mes yeux, l'instrument nécessaire et perfectible d'une grande œuvre.

Certes je n'approuve ni tout ce qui s'est dit ni tout ce
qui s'est fait en Guyane et en Calédonie. Mais je ne con-
seillerai jamais au ministère de la marine de briser la
Pénitentiaire, qui est un outil excellent. L'exécution des
peines est par essence une attribution d'État; et la Pénitentiaire ne saurait être blâmée d'avoir compris son rôle
et rempli son devoir.

Du fonctionnement en Guyane de la loi de 1854.
— Mais il est temps d'en venir aux faits, c'est-à-dire à
l'application des lois. Comment, depuis 1854, s'est exécutée en Guyane la peine des travaux forcés? Quels emplois y a-t-on faits des convicts? Quels sont les résultats
généraux de cette longue et intéressante expérience?

La loi de 1854 n'existait pas encore, lorsque, au mois
de mars 1852, un premier convoi, composé de forçats
qui s'étaient offerts volontairement, quitta la rade de
Brest et fut dirigé sur la Guyane. M. Sarda Garriga était
chargé de les recevoir. M. Sarda avait, en 1848, rendu
d'éclatants services à l'île de la Réunion; il avait par
des mesures conciliantes empêché la fermeture subite
des ateliers au lendemain de l'émancipation des noirs.
Il ne fut pas toujours aussi bien inspiré à Cayenne.
Entraîné par la fougue de son tempérament, il oublia
trop que les voyageurs extraordinaires qu'on lui adressait
n'avaient jusqu'alors conquis que des titres négatifs à
l'estime des honnêtes gens. Il ménagea tellement, il
choya tellement les ouvriers de la transportation qu'il
dut être rappelé. Il avait cependant, en quelques mois,
établi les nouveaux venus sur les îles du Salut, en face
de Kourou; il avait de sa personne visité le pays, et, avec
beaucoup de sagacité, il avait projeté de fonder au Maroni
le principal pénitencier des condamnés.

L'amiral Fourichon, qui remplaça M. Sarda, ne ratifia
pas la désignation du Maroni; et, avec lui, commen-
cèrent les tâtonnements dans le choix des emplacements
et dans le choix des travaux.

En 1853, on s'installe d'abord à la Montagne d'Argent,
presque à l'embouchure de l'Oyapock; on y défriche 106
hectares de terre; on y plante des caféiers; la mortalité

s'élève un instant à 63 pour 100 du contingent. On abandonne la Montagne d'Argent.

En 1853, on s'installe à Saint-Georges, dans l'Oyapok même; on déboise; on plante de la canne; on fabrique du sucre, du tafia; la santé des hommes est atteinte: on abandonne Saint-Georges.

En 1854, on s'installe au bord de la forêt vierge, à la Comté, à quelques kilomètres des sauts; on y confectionne surtout de la brique; les maladies se déclarent: on abandonne la Comté.

En 1857, on essaye enfin de la région du Maroni. Le chantier de Sparouine fournit à l'une de nos grandes Compagnies françaises trente mille traverses de chemins de fer; la plaine de Saint-Louis se couvre de caféiers. Mais la mort décime les forestiers de Sparouine, les cultivateurs de Saint-Louis; et l'on abandonne Saint-Louis, et l'on abandonne Sparouine.

Quelques années après, un homme plein de courage, qui est aujourd'hui maire de Cayenne, M. Houry, présente un projet hardi à M. de Montravel, l'un des meilleurs gouverneurs qu'ait eus la Guyane. Il veut, s'inspirant des idées de Guizan, créer un domaine agricole en pleine terre basse. Il propose de faire cette tentative à Kourou, sur le point même où l'expédition de 1763 a si tristement avorté. M. de Montravel donne son consentement. M. Houry se met en campagne avec un détachement de condamnés. Au bout de deux ans, le domaine a déjà pris figure; il est en état de rapport. M. de Montravel rentre en France, et M. Houry, qui a froissé par son indépendance les chefs d'une congrégation alors toute-puissante à Paris, est contraint à la retraite, et Kourou retourne une fois de plus au néant.

Voilà bien des batailles livrées! voilà bien des batailles perdues! Le Gouvernement s'émut de ces échecs; il fut impressionné surtout par la mortalité élevée des convicts. Par une décision prise en 1867 il prescrivit que la Guyane ne recevrait plus désormais que des condamnés arabes ou noirs, les condamnés européens devant être tous dirigés sur la Calédonie. On espérait que les Arabes et les

noirs, habitués aux climats chauds, supporteraient mieux
que les blancs la zone tropicale. Les condamnés européens n'arrivant plus, la métropole réduisit d'autant les
crédits qui se dépensaient dans notre colonie d'Amérique ; et l'ordre fut transmis à Cayenne de ne conserver
que les établissements strictement indispensables.

Résultats obtenus. — Quel est aujourd'hui l'état
exact des choses? Quels sont les résultats de la loi de 1854?

Nous avons aux îles du Salut le dépôt de la transportation. On y a transféré les ateliers où se confectionne
l'habillement des hommes.

Nous avons à Cayenne, depuis 1869, une grande caserne où logent les forçats, qui assurent le service de la
rade et du port, en même temps que la propreté de la ville.

Nous avons à Kourou, réouvert depuis peu, quelques
champs de culture et un parc de bestiaux.

Nous avons enfin au Maroni le véritable centre pénitentiaire, Saint-Laurent, le chef-lieu de la région, qui est
à la fois une commune administrative et une sorte de
cité ouvrière. C'est une commune administrative, qui n'a
pas d'électeurs, et dont les conseillers municipaux sont
des fonctionnaires qui la régissent par le droit du galon.
C'est une sorte de cité ouvrière, où le convict apprend
un métier, s'il en a le goût, ou l'agriculture coloniale,
s'il le préfère. De Saint-Laurent dépendent quelques mo-
destes chantiers forestiers, une briqueterie, un troupeau
de buffles venus de Cochinchine. Enfin, à quelques kilomètres, l'usine de Saint-Maurice extrait le sucre et le
rhum de la canne que cultivent en général sur les hauteurs les condamnés concessionnaires.

J'ai parcouru tous les points que je viens de citer,
mais j'ai visité longuement le Maroni, parce que j'ai
vite saisi que j'étais là au cœur de la question. Les îles
du Salut ne sont qu'un débarcadère. La caserne de
Cayenne est un corps de garde, où couchent les hommes
chargés des corvées municipales. Kourou est un jardin
potager. Le Maroni est toute l'institution.

J'ai vécu vingt jours à Saint-Laurent du Maroni ou sur
le fleuve. Je désirais connaître à fond cette ville du crime,

où les honnêtes gens se comptent, et où l'on frôle à
chaque pas un assassin, un incendiaire ou un voleur. J'y
ai vécu tranquille, oubliant plus d'une fois le soir de
pousser ma porte ou de fermer mon sac de voyage, parce
que je voulais éprouver ces vertus d'exportation. Je n'ai
été ni tué, ni dépouillé par ces bandits en retraite; et
je ne suis pas encore revenu de leur discrétion.

Mais c'est l'ensemble de la situation qu'il faut juger.
Eh bien, je confesse que la situation générale n'est pas
brillante; et, m'interrogeant moi-même dans la sincérité
de ma conscience, je me suis demandé si, prié de donner
mon avis, je réclamerais pour la Guyane, soit l'abandon
de toute immigration pénale, soit la continuation des
anciens errements, soit leur réforme.

Je n'ignore pas que je vais ici embrasser à la fois deux
problèmes. Quand je partis en mission à la fin de
l'année 1884, je n'avais pas caché au ministère de la
marine qu'il me paraissait impossible de scinder la question des forçats et la question des récidivistes; pour moi
les deux questions n'en ont jamais fait qu'une. Si donc
la transportation des forçats n'a pas réussi, il est à
craindre que la relégation des récidivistes n'aboutisse
pas davantage. Je me suis efforcé, par conséquent, de
déterminer avec soin quelles ont été les causes du peu
de succès de la transportation en Guyane. Ces causes
provenaient-elles des hommes? Tenaient-elles au pays?
Les erreurs commises dans le passé se reproduiront-
elles fatalement? ou pourrons-nous les éviter dans l'a-
venir?

Causes de cette situation — J'ai cherché les causes
du peu de succès de la transportation en Guyane, et je
vais les dire comme je les vois :

1° Les colonies pénitentiaires changent trop souvent
de chef. Le gouverneur qui arrive ignore presque toujours la législation criminelle; une fois débarqué, il se
met à l'apprendre pour peu qu'il ait du zèle; et, quand il
s'en est à peu près rendu maître, il est relevé de son
commandement, à l'instant où il allait s'en montrer plus
digne. Avec ce roulement perpétuel toutes les entreprises

périclitent; ces mutations trop fréquentes dans le haut
personnel de la Guyane expliquent en partie les tâtonnements incessants et fâcheux des premières années dans
le choix des pénitenciers et dans le choix des cultures.
M. Sarda, par exemple, veut s'installer au Maroni;
l'amiral Fourichon ne veut pas du Maroni. M. de Montravel autorise plus tard l'ouverture de Kourou; le successeur de M. de Montravel laisse tomber Kourou. L'administration plante à Saint-Louis des caféiers; mais elle n'a
pas pris la précaution de les abriter contre le vent et le soleil
par un rideau d'arbustes plus forts; les caféiers souffrent;
l'administration en désespère trop vite, et militairement
elle ordonne qu'on les sabre; les caféiers résistent et
repoussent : l'administration cette fois enjoint qu'on les
brûle. Quand j'ai parcouru la plaine abandonnée de Saint-
Louis, j'ai vu, de mes yeux vu, des caféiers vivants et
vivaces que l'administration avait tour à tour plantés et
condamnés deux fois à mort. Il importe que cette versa-
tilité dans la conduite des affaires cesse. Il faut que le
ministère de la marine, s'appuyant sur l'administration
pénitentiaire, qui représente pour moi la stabilité, étudie
à fond les opérations déterminées qui lui semblent avan-
tageuses; il faut qu'il en arrête le plan et qu'il charge ensuite la *Pénitentiaire* de les réaliser envers et contre tous.
Il convient, dès lors, en Guyane et en Calédonie, que les
gouverneurs ne soient plus des nomades qui passent,
mais des fonctionnaires qui durent et qui se consacrent
pour plus de vingt-quatre mois à l'avancement et à la
solution progressive des questions pénales.

2° Mais c'est dans la condition faite aux convicts que
se trouve la cause principale du mal. Je dois exprimer
sur ce point capital toute ma pensée.

Deux idées dominent à mon sens la théorie de la
répression :

La peine doit être dure, puisqu'elle est avant tout un
châtiment.

Le coupable qui a donné des gages solides de retour
au bien et qui notamment a désintéressé sa victime, doit
être traité désormais avec douceur.

L'adoucissement de la peine au profit de qui le mérite, l'adoucissement aussi considérable qu'on voudra dans ce cas, c'est de la part de l'administration un acte aussi juste qu'habile. Mais l'adoucissement général et systématique de la peine au profit de tous les condamnés, qu'ils en soient dignes ou non, l'adoucissement toujours et partout substitué à la rigueur du code, c'est là une faute insigne. La peine de la transportation a malheureusement été, au profit de tous les condamnés bons ou mauvais, amollie jusqu'à l'excès; et le ministère de la marine a fini par gâter en quelque sorte le forçat. Le forçat gâté n'a plus produit grand'chose.

Pourquoi donc se gênerait-il? L'administration exige de lui peu d'efforts; et en retour elle lui assure l'habillement, le logement, la nourriture. Sans doute, le forçat n'est pas logé dans des palais, il n'est pas habillé de soie, il n'a pas une nourriture fine, ni variée, ni même abondante; mais il s'accommode de cette existence paisible et étroite qui ne lui impose qu'une fatigue légère. J'interpellais un jour l'un de ces hommes qui, couché sur sa brouette, faisait une sieste prolongée; je lui demandais pourquoi il se croisait les bras : « Bah! me répondit-il avec un sens profond des choses et une claire intelligence des mystères du budget, pourquoi m'épuiserais-je? à cette heure les paysans de France travaillent pour moi! » Ce philosophe à la brouette avait raison; il avait compris qu'en somme il était entretenu par les contribuables de la métropole. J'ai vu des condamnés parfaitement notés, qui pouvaient, par conséquent, réclamer une concession de terres, refuser la concession qui leur était offerte. Cependant le concessionnaire est soustrait à la discipline irritante du camp; il jouit d'une véritable indépendance; mais il s'expose précisément aux charges, aux labeurs et aux risques de la vie libre. Et ces sages, acceptant un repos sans dignité, préféraient que le brave et honnête paysan de France continuât à travailler pour eux. Quelques convicts, moins francs que mon philosophe, sollicitent hypocritement une concession; ils touchent de l'administration pendant trente mois les vivres gratuits áuxquels ils ont droit en attendant la mise en rapport de leur champ; ils égratignent un peu le sol, parce qu'il faut simuler le mouvement; puis, quand les trente mois sont finis ou près de finir, ils déclarent tout à coup qu'ils ne sont décidément pas nés pour l'agriculture; et ils retournent au camp pour y reprendre leur place. Objecterez-vous que l'administration devrait sévir contre ces fainéants? Mais comment voulez-vous qu'elle sévisse? Depuis 1880, l'emploi des châtiments corporels est interdit. Depuis 1854, les forçats ne redoutent plus, même au cas de crimes ou de délits nouveaux, l'emprisonnement ou la reclusion, puisque la peine, théoriquement supérieure, qu'ils subissent empêche l'exécution immédiate des peines moins sévères. L'administration ne peut que les mettre en cellule; mais ils n'y sont enfermés que pour un délai limité; et ils y sont plus oisifs encore qu'en plein air.

J'estime que l'administration devrait réformer le système qu'elle pratique, parce qu'il ne convient pas que des indignes se jouent de sa bienveillance. Je crois qu'en fait de nourriture la Pénitentiaire ne devrait strictement fournir aux condamnés que le pain, étant entendu, s'ils veulent du vin, de la viande, des légumes, qu'ils achèteront ces suppléments par une dépense effective de force. Je conçois que l'on aide généreusement les coupables d'hier qui voudraient demain commencer une nouvelle vie; mais il me répugne de constituer, aux frais de tous, une véritable retraite aux travailleurs privilégiés du crime.

J'ai le regret de le dire : le régime des camps est trop doux. Il faudrait inspirer aux convicts le désir ardent, non d'y rester, mais d'en sortir; il faudrait que l'engagement chez un patron ou que la concession leur parût, par comparaison, un bienfait. L'octroi des concessions avec trente mois de vivres est d'ailleurs une combinaison imprudente; il vaudrait mieux accorder aux transportés une terre déjà en rapport sans les trente mois de vivres gratuits. Il faudrait enfin corriger la loi de 1854 qui dispense virtuellement les forçats de l'emprisonnement ou de la reclusion. Du jour où l'administration aurait notifié aux condamnés valides qu'ils ne mangeront désormais qu'en proportion de la besogne abattue, je me persuade qu'ils produiraient davantage; et, ce jour-là, la main-d'œuvre pénale deviendrait féconde, tant en Guyane qu'en Calédonie.

3° Il est en Guyane une troisième cause qui explique l'affaissement des établissements pénitentiaires. C'est la décision de 1867. Depuis 1867 les Européens sont dirigés sur la Calédonie, et la Guyane ne reçoit plus en principe que des Arabes ou quelques noirs. Avant 1867, les Européens exerçaient dans la colonie tous les métiers qu'ils avaient appris en France. L'administration avait ainsi sous la main d'excellents ouvriers de toute sorte. Saint-Laurent du Maroni, me disait-on même, était alors un centre brillant où toutes les professions étaient représentées. Mais la valeur technique du personnel a baissé d'une façon incroyable depuis 1867; les Arabes peuvent bien planter ou couper la canne, mais ils ne sont ni maçons, ni menuisiers, ni peintres, ni serruriers, ni mécaniciens. Les édifices ne sont plus réparés en temps utile, parce qu'à la lettre les ouvriers d'art manquent. Les fonctionnaires, qui ont vu la décision de 1867 porter de tels fruits, ont proposé que la décision fût rapportée et que la métropole reprît aussitôt que possible l'envoi des forçats blancs en Guyane.

Je reconnais que l'envoi des blancs en Guyane améliorerait promptement le personnel des ateliers. Mais cette proposition de revenir sur la décision de 1867 soulève une question que je n'ai pas encore touchée, mais que je n'ai jamais eu l'intention de fuir; c'est la question controversée de savoir si les blancs peuvent vivre, et surtout s'ils peuvent travailler la terre sous les tropiques. A l'instant où la métropole ne demanderait pas mieux que d'expédier là-bas quelques centaines de forçats blancs et quelques milliers de récidivistes européens, il importe que ce problème soit discuté à fond.

La première condition d'une colonie pénitentiaire, après tout, c'est qu'elle ne dévore pas les hommes qu'on lui confie, et nous n'avons pas le droit d'infliger la mort à ceux-là qui ne sont condamnés qu'à l'expatriation et au travail pénal.

De l'insalubrité de la Guyane pour les blancs. — Dans cette partie délicate de ma tâche, je ne pouvais m'en rapporter à mes appréciations individuelles. Mais le ministère de la Marine avait, à ma prière, donné l'ordre au conseil de santé de la Guyane de formuler son avis sur la salubrité ou l'insalubrité du pays; et le savant rapporteur du conseil, M. le docteur Hache, qui habitait depuis huit ans la colonie, a bien voulu m'accompagner partout, m'éclairant de sa science. Dans les pages qui suivent, s'il y a, au point de vue médical et hygiénique, quelques idées neuves et justes, tout l'honneur doit lui en revenir; je n'aurai été, en cette circonstance, qu'un auditeur fidèle.

Il semble tout d'abord que l'insalubrité de la Guyane ne puisse faire doute. L'administration pénitentiaire n'a-t-elle pas dû fermer l'un après l'autre presque tous les établissements qu'elle avait fondés? La décision de 1867, qui a suspendu l'envoi des forçats blancs en Guyane, n'a-t-il pas été l'aveu d'une situation intenable? Le conseil supérieur de santé métropolitain n'a-t-il pas rendu un jugement décisif dont j'ai rappelé les conclusions au début de cette notice? Enfin le chiffre effroyable d'une mortalité qui a pu monter jusqu'à 63 pour 100 n'apporte-t-il pas au débat l'autorité d'un fait écrasant?

Je ne crois pas que ces arguments soient aussi écrasants qu'on l'affirme. Je vais examiner de près cette mortalité qu'on invoque, en chercher les causes, en dégager la moyenne vraie et expliquer ce chiffre de 63 pour 100 qu'on agite comme un épouvantail.

La fièvre paludéenne. — Les forçats européens qui sont décédés en Guyane depuis 1853, ont été principalement enlevés par la fièvre paludéenne, par la dyssenterie, par l'anémie, par la fièvre jaune. Je reconnais que les trois premières maladies sont endémiques dans notre colonie; elles naissent sur place; elles proviennent du sol ou du climat. Je pense, au contraire, que la fièvre

jaune a toujours été importée du dehors ; elle est un
accident ; elle peut être tenue à distance par des quarantaines sévères.

Les maladies endémiques et les maladies exotiques ne
sauraient donc être mises sur la même ligne, quand on
veut, dans un pays déterminé, définir l'état normal et
permanent de la santé publique.

La fièvre paludéenne procède à la façon d'une intoxi-
cation lente. Elle est inévitable, disent les médecins mé-
tropolitains dans leur avis du 23 octobre 1884 ; elle est
due, en effet, au voisinage des marais, et toute la contrée,
depuis le Maroni jusqu'au territoire contesté, n'est qu'un
immense marais. J'ai déjà contredit cette allégation qui
transforme toute la Guyane en marais. Mais la Guyane
eût-elle la configuration qu'on lui prête, je dirais encore
que le paludisme provient moins du marais que du défrichement d'un sol vierge, pour la première fois exposé au
soleil. Je puis justifier cette opinion. Depuis que l'on ne
défriche plus en Guyane, les fièvres paludéennes sont
devenues moins nombreuses. En 1860, elles représentaient
les deux tiers des cas de maladie ; aujourd'hui elles n'en
représentent plus qu'un huitième à peine ; cependant
la surface des marais n'a pas été diminuée. Les marais
se rencontrent surtout sur le littoral ; or, le littoral n'est
pas partout insalubre. C'est ainsi que Cayenne a des marais dans sa banlieue ; cependant Cayenne est salubre. C'est
ainsi que Mana est enveloppée de marais et de savanes
noyées ; cependant Mana, bâtie, il est vrai, sur le sable,
est un point salubre. Saint-Laurent du Maroni, également
fondé sur une plaine sablonneuse, compte au rang des
localités favorisées aujourd'hui ; cependant quand on
défricha Saint-Louis et Sainte-Anne, à quelques kilomètres
de Saint-Laurent, les affections paludéennes se multi-
plièrent. Les noirs ou les peaux-rouges dressent impu-
nément leurs carbets sur des bancs de sable, à la lisière
même des marais ; mais, quand ils déboisent, quand ils
font un abatis pour planter le manioc, ils prennent la
fièvre paludéenne. Les affections paludéennes proviennent, par conséquent, du défrichement et non du voisi-

nage des marais. Le marais est inoffensif, surtout quand il est boisé.

La dyssenterie. — La dyssenterie est fréquente en Guyane; elle atteint ceux qui boivent des eaux impures, où se trouvent en suspension des matières organiques, végétales ou animales. Pendant plusieurs années, les soldats et les transportés buvaient, aux îles du Salut, l'eau de pluie qui avait d'abord lavé le sommet des plateaux; ils étaient éprouvés par la dyssenterie. L'Administration construisit sur le plateau supérieur de l'île principale une vaste citerne maçonnée, où l'eau de pluie était recueillie telle qu'elle tombait du ciel; la dyssenterie cessa.

Mais bientôt la dyssenterie reprend; on visite la citerne; on ne l'avait pas curée : il s'était formé au fond une boue de matières en fermentation. La citerne est vidée, et depuis elle est vidée régulièrement : la dyssenterie n'a plus reparu.

Voilà donc une maladie qui a fait de grands ravages, — c'est la dyssenterie qui a tué l'expédition de Kourou en 1764, — voilà une maladie due à la faute des hommes et qu'on élimine avec un peu de soin.

Cayenne ne souffre plus de la dyssenterie depuis qu'on y a conduit une eau pure des hauteurs granitiques de Rorota.

L'anémie. — D'où provient l'anémie qui épuise tant de transportés? Assurément la chaleur humide de la Guyane débilite les tempéraments ; mais, avec une nourriture tonique et azotée, les Européens libres, qui peuvent se la payer, résistent. Les transportés blancs, qui n'obtiennent qu'une nourriture insuffisante en quantité et surtout en qualité, s'affaiblissent promptement.

On leur donne souvent des légumes secs; en fait de viande, ils mangent des conserves; on ne leur sert plus guère de viande fraîche; la Guyane, qui n'a plus d'agriculture, n'élève pas de bétail sur place. Toutes les denrées viennent du dehors; les farines par exemple sont expédiées de France ; elles ont été contrôlées et reçues avant le départ; elles arrivent parfois altérées par le voyage; mais, comme elles ont été reçues en France, il faut que les transportés consomment un pain avarié. L'administration a d'autre part introduit des procédés économiques dans le traitement des malades; elle leur fournit les médicaments nécessaires sans doute, mais les réduit aux vivres grossiers du camp. Cette hospitalisation à bas prix entraîne une conséquence facile à prévoir. Les malades retournent au pénitencier sans s'être refaits; aussi bientôt ils retombent, et ils s'alitent pour mourir.

Les cas de dyssenterie et de fièvre paludéenne sont devenus plus rares dans les dernières années; les cas d'anémie au contraire plus nombreux.

La fièvre jaune. — On peut lutter contre l'anémie en renforçant la ration des hommes. On peut lutter contre la dyssenterie en veillant aux eaux que les hommes boivent. On sait que le paludisme est surtout le résultat d'un premier défrichement. Peut-on lutter contre la fièvre jaune et d'où vient-elle? La fièvre jaune est endémique à la Nouvelle-Orléans, à Rio-de-Janeiro; elle s'y est acclimatée et tous les ans elle y sévit. Est-elle endémique dans la Guyane française? C'est un point débattu. Il est certain que les trois épidémies de fièvre jaune qui ont éclaté dans la colonie, en 1850, en 1872, en 1885, et qui se sont prolongées plusieurs années, ont eu des causes précises; elles ne sont pas nées dans le pays même. En 1850, c'est l'aviso *le Tartare* qui a apporté le mal du Para; en 1872, c'est la goélette *la Topaze* qui l'a apporté de Surinam; en 1885, la fièvre s'est déclarée aux îles du Salut, parce qu'on avait eu le tort de reprendre dans les magasins de l'administration et d'employer la laine de matelas insuffisamment désinfectés qui avaient servi au cours de l'épidémie antérieure. L'expérience a de plus prouvé que la fièvre jaune attaque surtout les nouveaux venus qui ont moins de deux ans de séjour en Amérique, et que parmi les anciens elle abat principalement les alcooliques; elle épargne les noirs, elle frappe les blancs. On ne s'en garantit et on ne s'en débarrasse qu'au moyen de quarantaines rigoureuses. Il faut surveiller sans cesse les communications avec les points habituellement contaminés.

La mortalité. — J'ai défini les principales maladies, c'est-à-dire les principales causes de mort qui enlèvent les transportés. Je vais discuter maintenant le résultat des maladies, c'est-à-dire le taux de la mortalité.

Je prends les chiffres officiels, et j'essayerai, après M. le docteur Hache, d'en dégager le sens.

L'histoire de la Guyane pénitentiaire se divise en deux périodes que sépare l'année 1867. Au cours de l'année 1867 est prise la décision qui n'envoie plus à Cayenne que des Arabes et des noirs.

La période de 1852 à 1867 est caractérisée par les défrichements et par les contingents nombreux de forçats. La période de 1867 à 1884 est caractérisée par l'occupation et la culture limitées; les envois de condamnés p erdent de leur importance; la plupart des établissements créés sont évacués.

La période du défrichement a donné : de 1852 à 1859, sous l'action d'une première épidémie de fièvre jaune, une mortalité de 13,7 ; — de 1859 à 1867, l'épidémie ayant cessé, une mortalité de 6,7. La période de l'occupation et de la culture limitées a donné successivement : de 1868 à 1872, sans qu'il y ait eu épidémie, une mortalité de 4,7 ; — de 1873 à 1877, sous l'action d'une seconde épidémie de fièvre jaune, une mortalité de 7,5 ; — de 1878 à 1884, l'épidémie ayant disparu, une mortalité de 5,9. Quelle est la moyenne de ces trente ans ? Quelle est la mortalité *ordinaire* de la Guyane ?

Je ne puis me décider à porter au compte du pays les années d'épidémie. Ce n'est pas la Guyane qui est responsable des maladies venues du dehors ; elle n'est strictement responsable que des maladies nées sur place. Toulon a été en 1884 visité par le choléra ; allons-nous mettre à la charge du climat de Toulon les décès dus au choléra ?

Si l'on défalque des statistiques officielles de la Guyane les années d'épidémie, où ont sévi des maladies importées du dehors, on ne rencontre plus que des mortalités de 6,7, de 4,7, de 5,9. Ces chiffres nous conduisent à une moyenne générale de 6 pour 100. Or, nous avons

en France des maisons centrales d'une mortalité égale et
même supérieure; il me suffira de citer les maisons centrales d'Aniane, de Nîmes, les pénitenciers de Corse.

Cette moyenne de 6 pour 100 est d'autant plus ac-
ceptable pour notre colonie d'Amérique, qu'il s'agit
ici de groupes d'hommes qui n'ont plus guére de res-
sort moral. Des travailleurs libres arrivant d'Europe
supporteraient mieux le climat. Les statistiques de la
Guyane sont donc plus rassurantes qu'on ne le croit dans
le public.

J'ai tâché de fixer une moyenne normale; mais on
comprend de reste que si, au lieu d'embrasser une serie
d'années, on ne vise qu'une opération isolée de défrichement ou une année isolée de culture d'un terrain déjà
défriché, on constatera des résultats très différents. Une
opération isolée de défrichement, exécutée d'après les
méthodes anciennes, pourra coûter 20 pour 100 du personnel; une année isolée de culture ne coûtera guère que
5 pour 100. La moyenne générale de 6 pour 100 s'étend
au contraire sur une longue période.

Et cependant, m'objectera-t-on, la *Montagne d'Argent*
a occasionné une mortalité de 63 pour 100, le *Maroni*
lui-même une mortalité de 29 pour 100! Je ne conteste
pas ces chiffres spéciaux; je dis seulement qu'on en a
forcé la portée. Comment tout d'abord les choses se sont-
elles passées à la Montagne d'Argent? Un pénitencier y
fut fondé à la fin de 1854; on y défriche 106 hectares
sur lesquels on plante des caféiers. La fièvre jaune y fait
son apparition en 1856. L'administration avait un atelier
de 308 hommes; en 1856, il en meurt 195, ce qui donne
en effet la proportion lamentable de 63 pour 100. Mais
il faut savoir que, sur les 195 décès, 136 sont dus à la
fièvre jaune; les 59 qui restent ne représentent plus sur
un contingent total de 308 que 20 pour 100, ce qui est,
je l'indiquais tout à l'heure, le prix d'un défrichement
isolé. Lorsque j'ai parcouru la Guyane, j'ai voulu savoir ce
qu'était devenue la Montagne d'Argent. On l'avait évacuée
en 1867. Mais, en 1880, un créole, M. Florimond, la prit à
bail et y installa trente-cinq transportés européens, qui

ne défrichent plus, qui ne cultivent même pas, et qui se bornent aujourd'hui à faire la cueillette du café. La santé des hommes y est excellente; et M. Florimond n'a plus besoin de quinine pour lutter contre le paludisme; cependant l'un des versants de la Montagne d'Argent domine des marais étendus.

Cet épisode de la Montagne d'Argent, que nos adversaires invoquent bruyamment, me semble instructif au plus haut degré. J'y trouve en effet la preuve: 1° que l'opération de défrichement seule est dangereuse; 2° que, la période de premier établissement franchie, des localités qui avaient paru malsaines deviennent salubres; 3° que la culture arborescente, comme celle du caféier, du cacaoyer, qui ne remue pas le sol tous les ans, convient même à l'Européen, puisque l'Européen travaille ainsi sous bois et sans risques. Mais cet épisode révèle en outre l'erreur qu'a commise l'administration de 1852 à 1867. Pendant les quinze années du début, comment l'administration s'est-elle conduite? Elle créait un pénitencier, elle défrichait le terrain; elle éprouvait des pertes en hommes; elle abandonnait l'affaire. Elle allait un peu plus loin créer un second pénitencier; nouveau défrichement; nouvelle perte d'hommes; nouvel abandon. Elle cherchait l'emplacement d'un troisième pénitencier; encore un défrichement; et bientôt encore un abandon. En un mot, l'administration pendant quinze ans n'a fait qu'une série de défrichements; dès que le compte de premier établissement était clos sur un point avec ses sacrifices inévitables de vies humaines, l'administration se retirait, n'arrivant ainsi jamais à la phase de culture et d'exploitation normales; partout elle essuyait les plâtres; et M. Florimond récolte paisiblement à la Montagne d'Argent ce que l'administration avait autrefois si chèrement et si péniblement semé.

L'histoire du Maroni ne manque pas non plus d'intérêt. Le Maroni date de 1859. Pendant le défrichement la mortalité monte à 25 pour 100. On évacue Saint-Louis et Sainte-Anne à peine créés; mais on garde du moins Saint-Laurent et Saint-Maurice. La fièvre jaune survient

en 1874; elle bat son plein en 1876; la mortalité s'élève
à 29 pour 100. Un général inspecteur visite le Maroni
en 1877; il s'émeut de ce chiffre de 29 pour 100; et il
réclame expressément l'évacuation de toute la région.
L'administration n'a pas déféré à ce vœu; la fièvre jaune
s'est éteinte, grâce à une quarantaine rigoureuse de dix
mois; et la mortalité s'est abaissée à Saint-Laurent au
chiffre de 4 ou 5 pour 100.

La constitution de la famille au Maroni. — Un chi-
rurgien de marine, qui a vécu au Maroni, le docteur
Orgéas, en a tracé, au point de vue des Européens, un ta-
bleau bien sombre. A l'en croire, les forçats blancs ne
pourraient absolument pas résister au climat, et spécia-
lement ils ne pourraient se reproduire. Les enfants qu'ils
ont eus n'auraient pas eux-mêmes d'enfants. Cette allégation du docteur Orgéas est grave. Quand nous parlons en
effet de coloniser avec des condamnés, nous entendons
surtout que la colonisation s'effectuera par les enfants et
par les petits-enfants des condamnés. La génération qui
a mérité personnellement les flétrissures de la loi, dispa-
raîtra; et c'est sur les générations meilleures, qui vien-
dront après elle, que nous pouvons asseoir nos espérances
d'avenir. Ce qu'il y a de plus solide dans la colonisation
pénale, c'est la colonisation en quelque sorte au second
et au troisième degré; c'est la colonisation par la famille.
Les condamnés doivent-ils renoncer à toute idée de famille?

L'administration s'est efforcée de constituer la famille
en mariant les forçats. Elle leur a cherché des épouses
partout; mais elle ne pouvait frapper à toutes les portes.
Elle a rencontré dans les prisons de France, elle ne pouvait hélas! rencontrer que là, quelques femmes, qui
n'étaient le plus souvent ni très jeunes, ni très fraîches,
ni absolument pures, et qui ont eu le courage d'accepter
l'aventure qu'on leur offrait. Ces fiancées résignées ou
hardies ont traversé l'océan; elles ont été dotées d'un
trousseau et de quelques centaines de francs; elles ont
fini par s'unir là-bas avec quelques malheureux convicts.
Voilà les mariages du Maroni, des mariages sans amour
et sans estime. Que sortira-t-il de cette association non

de deux cœurs, mais de deux hontes? En vérité l'on se
demande, en présence de ces situations anormales, si la
société a le droit et le devoir de perpétuer l'espèce de ces
êtres déchus. D'un père incendiaire et d'une mère voleuse,
quels enfants pourront naître? Il y a là une sélection
négative des parents qui doit aboutir à la formation d'une
race maudite. C'est un semis de criminels que l'État or-
ganise et développe.

Les femmes des forçats, écrit le docteur Orgéas, sont
le plus souvent stériles; elles sont du moins peu fécon-
des; elles n'ont que des enfants malingres, qui ne vivent
guère; et le docteur Orgéas rappelle l'opinion d'un de
ses savants prédécesseurs, le docteur Ducret, qui disait
dans un rapport officiel : « Vers deux ans et demi, trois
ans, les enfants des transportés pâlissent, s'infiltrent et
meurent. Ceux qui survivent reviennent périodiquement
à l'hôpital. Tous les enfants ne sont pas dans le même
état; mais cette jeune génération ne promet rien de bon
pour l'avenir. » Le docteur Orgéas triomphe de ce témoignage; mais il l'arrête trop vite; le docteur Ducret
ajoutait à la phrase citée une autre phrase qui expliquait
la première et que le docteur Orgéas a oublié de reproduire. Le docteur Ducret ajoutait : « Quant au moyen de
remédier à cet état de choses, il n'y en a qu'un, c'est
une très bonne nourriture, ce que ces enfants ne trouveront pas d'ici longtemps chez leurs parents. » Cette fai-
blesse des enfants n'est donc pas, comme le docteur
Orgéas l'insinue, un mal irrémédiable; il s'agit là d'une
anémie, conséquence d'une alimentation insuffisante.
Elle n'est pas la faute du pays, mais la faute des hommes.
Le docteur Hache a justement proposé, pour sauver ces
enfants et les fortifier moralement et physiquement, que
l'administration les reçût dans des crèches, dût l'autorité de ces père et mère exceptionnels en être amoindrie.

Je pense que le gouvernement, en poursuivant cette tâche
ingrate d'unir les condamnés du bagne à des condamnées
de la maison centrale, est entré dans une mauvaise voie.
Il sait d'ailleurs ce que deviennent trop souvent ces
Hélènes au milieu de trop de Paris.

J'aimerais mieux essayer de marier les forçats avec des filles indigènes de la région, qu'on trouverait en nombre et presque sur place. La Calédonie recruterait des femmes dans certaines îles du Pacifique, la Guyane dans le haut de l'Amazone. La tare originelle n'existerait plus chez les ascendants que d'un côté ; et les enfants viendraient au monde plus robustes et d'un acclimatement plus facile.

J'ai peu d'enthousiasme pour les unions administratives entre blancs et blanches. Je crois que la solution de ce problème très spécial, à la fois psychologique et physiologique, est dans la pratique d'un métissage savamment ordonné.

Je n'approuve pas non plus que les condamnés ne soient autorisés à prendre femme qu'après plusieurs années de séjour dans la colonie. Si nous voulons constituer une race résistante, c'est dans le plein de sa force qu'il faut marier l'homme.

Je conclus de cette longue discussion : 1º que la mortalité des Européens en Guyane n'est pas aussi effrayante qu'on l'a prétendu, puisqu'elle se ramène à une moyenne de 6 pour 100 ; 2º que si la colonisation au second degré, c'est-à-dire la colonisation par les enfants, n'a pas été brillante jusqu'ici, cela tient aux mauvais matériaux qu'on a mis en œuvre pour bâtir la famille. L'expérience d'un métissage méthodique reste à faire. Les résultats détermineraient promptement la valeur du système.

De l'exécution de la loi des récidivistes en Guyane. — La question de la salubrité de la Guyane est d'autant plus grave que le gouvernement a désigné cette colonie en première ligne pour recevoir les récidivistes, condamnés à la relégation en vertu de la loi du 27 mai 1885. J'ai suivi de trop près l'élaboration de cette loi pour ne pas m'inquiéter des conditions dans lesquelles on l'exécutera. Comment l'exécutera-t-on ?

J'ai signalé déjà la façon dont le législateur avait combiné la répression contre les malfaiteurs d'habitude. Il veut que les tribunaux prononcent d'abord, à raison de la dernière infraction commise, une peine temporaire d'emprisonnement ou de reclusion, puis une peine perpétuelle, l'expatriation, qui comportera presque fatalement l'obligation du travail. A cette coupure dans la répression correspondra un partage d'attributions entre les deux ministères habituellement chargés de l'application des peines. La peine temporaire, subie en France, s'accomplira par les soins du ministère de l'intérieur ; la peine perpétuelle de la relégation s'accomplira par les soins du ministère de la marine. Il y a pourtant entre ces deux moitiés du système un lien moral : le séjour en France doit être par-dessus tout une *préparation au séjour dans les colonies;* aussi les textes prévoient-ils l'institution de *pénitenciers spéciaux.* L'heure des prisons ordinaires est en effet passée ; le véritable châtiment réside désormais dans la relégation perpétuelle; le pénitencier spécial est une *école d'apprentissage,* où le malfaiteur est soumis à un entraînement particulier en vue de la vie extra-continentale qui l'attend. Il me semblerait logique que le ministère de la marine prît sous sa direction le pénitencier spécial de France et les chantiers ouverts aux colonies. En divisant entre deux ministères les deux parties d'une même œuvre, on risquerait de créer un dualisme, qui amènerait des tiraillements, compliquerait le service et grèverait le budget. Je me borne à noter ce vice organique dans la machine; car j'ai hâte d'en venir à d'autres difficultés.

L'article 12 de la loi du 27 mai dispose que : « la relégation ne sera appliquée qu'à l'expiration de la dernière peine à subir par le condamné ; toutefois faculté est laissée au gouvernement de devancer cette époque pour opérer le transfèrement du relégué ; il pourra également lui faire subir tout ou partie de la dernière peine dans un pénitencier. » Quel est le véritable sens de cet article?

J'ai entendu un magistrat distingué, soutenir avec force la thèse suivante ; « La dernière peine prononcée doit être subie intégralement en France (sauf l'application possible de la loi du 14 août 1885, qui prévoit les libérations conditionnelles). L'homme condamné par une Cour d'assises à cinq ans de reclusion, doit faire cinq ans de reclusion; il peut être sans doute transféré après quatre ans et onze mois en Guyane, parce que la traversée dure précisément trente jours; il est ainsi permis d'employer le dernier mois des cinq ans à l'opération matérielle du transfert. Mais l'administration ne pourrait pas le transférer plus tôt dans la colonie. »

Je lis autrement l'article 12. A mon sens l'homme, condamné à cinq ans de reclusion et à la relégation perpétuelle, peut être transféré après deux ans, après un an, après six mois de séjour en France. Le texte en effet donne au gouvernement le droit de devancer la fin de la dernière peine, et ne contient aucune restriction à l'exercice de cette prérogative. Les motifs qui me décident sont multiples. Des deux peines qui doivent se succéder, la reclusion et la relégation, la peine importante, c'est la relégation. Le séjour en France n'est qu'une préparation à la vie coloniale. Quand la préparation a été suffisante, l'ordre de départ doit intervenir. J'aimerais mieux peut-être que la préparation se fît dans la colonie même, et non sur le continent; et je remarque que les Anglais, après avoir installé d'abord en Angleterre leurs écoles d'apprentissage des convicts, les ont plus tard installées sur le territoire même d'Australie. L'opinion de l'honorable magistrat, qui veut que la peine d'emprisonnement ou de reclusion s'accomplisse jusqu'au bout, aurait, si elle triomphait, un effet désastreux sur lequel j'appelle en temps utile l'attention des pouvoirs publics. L'homme qui aura subi deux ans, quatre ans, huit ans de prison, sortira de la prison déjà anémié; et l'administration commettrait un crime, si, prenant ce malheureux, épuisé, au sang appauvri, elle l'expédiait à Cayenne pour l'exposer en cet état à l'anémie dévorante des tropiques. Les auteurs de la loi du 27 mai ont voulu coloniser avec des condamnés; il serait inadmissible que les futurs colons fussent des mourants, à l'instant même de leur débarquement. Sous couleur *d'exécuter scrupuleusement l'article* 12, le gouvernement organiserait en grand l'*exécution des récidivistes*, et la loi du 27 mai, qui offre par ell-même assez de dangers, deviendrait, ainsi comprise, e

une machine froidement homicide, contre laquelle je ne
serais pas seul à protester.

On m'a affirmé que le ministère de l'intérieur ne serait pas éloigné de penser que la dernière peine d'emprisonnement ou de reclusion devait être subie jusqu'au
bout en France; je le croirai, quand je le verrai. Je ne
suppose pas qu'un ministre de l'intérieur se rencontre
jamais, qui ose d'un cœur léger assumer la responsabi-
lité de toutes ces morts que le texte ne comporte pas. J'ai
bien appris que certains légistes raffinés avaient suggéré
le biais suivant : on anticiperait en fait les départs, mais
après avoir rogné, pour la forme, par l'expédient com-
mode de la grâce, les portions non accomplies des dernières peines. De pareils subterfuges sont des façons de
tourner la loi. Quel procédé subtil et pénible on inven-
terait là, quand pour autoriser les transferts anticipés nous
avons un principe si clair, si franc et si intelligent!

Mais, sans plus m'attarder à l'interprétation de l'article 12, examinons ce que le gouvernement fera des récidivistes.

Dans le dernier rapport présenté à la Chambre des députés en 1885, je lis cette phrase : « M. Leveillé, revenu
de sa mission, doit demander que l'on envoie les récidivistes en Guyane ». Il y a dans ces deux lignes une tra-
duction peu fidèle de ma pensée. Si la commission de la
Chambre avait désiré connaître mon opinion, elle pouvait me la demander. Je me serais fait un devoir de ré-
pondre à son appel; et je suis convaincu que le ministre
de la marine m'aurait laissé liberté entière de parler.
J'ai eu plus d'une fois l'honneur d'être entendu par des
commissions parlementaires, à propos de certains problèmes législatifs qui m'avaient occupé. Mais la commission des récidivistes était, je le conçois, fatiguée du long
et laborieux enfantement de sa loi; son système favori
avait été fortement entamé au Sénat; elle n'ignorait pas
que je n'étais point un admirateur extasié de son œuvre;
elle jugea, c'était son droit, qu'elle pouvait se passer
aisément du témoignage d'un criminaliste qui venait
d'étudier sur le vif la question dont elle était saisie; elle

clôtura les débats. Je n'eus garde de réclamer; le siège de la commission était fait depuis longtemps; en ne me convoquant pas, la commission me le notifiait avec une loyauté parfaite; et j'étais tellement persuadé de l'énergie intraitable de ses convictions scientifiques que je n'essayai même pas de frapper à sa porte. Mais je ne saurais rester sous le coup de cette allégation que j'aurais proposé d'envoyer les récidivistes en Guyane.

Cette phrase dépasse de beaucoup mon sentiment. Envoyer les récidivistes en Guyane, cela signifie qu'il faut les y envoyer tous; et l'on sait que la commission de la Chambre, qui pendant trois ans a soutenu avec une regrettable ténacité la doctrine de la relégation obligatoire, n'y allait pas de main morte au point de vue du nombre des relégables. J'ai, au contraire, indiqué très expressément au gouvernement qu'il pouvait envoyer la première année un millier d'hommes au plus, à la condition encore d'observer certaines règles d'hygiène, au premier rang desquelles je place la création de pénitenciers maritimes en France et l'anticipation des départs en vertu de l'article 12. Je recommandais très formellement qu'on ne dirigeât pas sur la Guyane des masses d'Européens, sous peine d'amener un désastre et d'aggraver les épidémies qui pouvaient survenir. Je ne suis pas de ceux qui jouent témérairement avec la terre de la Guyane. Loin donc de réclamer une importation indéfinie de convicts au Maroni, je suppliais qu'on n'y introduisît que des convois limités et espacés.

Au surplus j'ai toujours considéré que la sécurité de nos colonies exigeait l'éparpillement des hommes entre plusieurs de nos possessions d'outre-mer; et j'ai préconisé comme essentielle la variété des emplois. Transformer quand même en cultivateurs tous les récidivistes, qui seront trop souvent la mauvaise écume des villes, me paraissait une espérance chimérique. J'ai fait insérer dans le règlement d'application de la loi de 1885 un mot dont un ministre intelligent tirera quelque jour parti.

J'ai surtout désiré qu'on affectât à l'exécution des travaux publics hydrauliques les bras des récidivistes. C'est

dans ce but que j'ai suggéré l'idée d'établir en pleine
rade de Brest sur les vieux navires de notre flotte le premier pénitencier spécial des relégables. Je voudrais que
les relégables achevassent notre grand port militaire de
l'Ouest. Cette occupation à l'air libre les préparerait à
l'exécution de travaux analogues dans nos diverses colonies qui ont besoin de quais, de bassins et de canaux.
L'envoi temporaire de ces escouades n'aurait pas pour
nos possessions d'outre-mer l'inconvénient moral d'un
établissement permanent. C'est dans cette voie féconde
qu'il faudrait s'engager.

Ce n'est pas qu'il n'y ait rien à faire de particulier en
Guyane, au moyen de la main-d'œuvre pénale. Je crois
au contraire que la main-d'œuvre pénale, si elle est conduite d'une certaine façon, peut aider au relèvement de
ce malheureux et splendide pays. Je n'ignore pas que
cette pensée n'est point partagée par beaucoup de nos
compatriotes de Cayenne. J'ai entendu, lors de mon
voyage, leurs protestations ardentes contre la loi des récidivistes et contre le projet que nourrissait le gouvernement d'expédier les relégués chez eux. Ils se plaignent
d'avoir depuis trente ans subi le contact odieux des forçats ; ils imputent à ce contact le discrédit et la déca-
dence de leur ville. J'ai transmis au ministère de la marine leurs doléances.

J'aurais souhaité que la colonie profitât de l'incident
pour discuter et régler à l'amiable avec la métropole les
conditions de l'installation des condamnés. J'estime qu'un
contrat pouvait intervenir, qui eût été avantageux à la
Guyane, puisqu'elle en aurait inspiré les clauses. Mais je
me heurtai à un refus absolu de la part des créoles, qui
repoussaient comme une injure l'éventualité d'une tran-
saction. Comme je n'avais pas reçu le mandat de négo-
cier, mais seulement le mandat d'étudier, je dus m'in-
cliner avec tristesse, j'en conviens, devant une attitude
qui était à la fois pleine de dignité et d'illusions. J'avais
rêvé de concilier dans un pacte librement débattu les
intérêts distincts, mais non pas contraires de Paris et de
Cayenne. Je voyais dans l'immense surface qui constitue

là-bas le domaine public une ressource financière. Je voyais dans les contingents successifs de la transporta-tion ou de la relégation une armée d'ouvriers. Avec ces deux éléments réunis nous pouvions entreprendre et peut-être mener à terme la résurrection de la Guyane. Mais Cayenne (ainsi que Nouméa du reste) accuse l'immi-gration pénale de tous ses maux ; et la propriété doma-niale de la Guyane (et de la Calédonie), qui devrait être le gage d'un meilleur avenir, n'est plus qu'un champ de bataille disputé et stérilisé, où se rencontrent et se frois-sent les prétentions métropolitaines et les prétentions coloniales.

J'ai proposé que le gouvernement épargnât du moins aux habitants de Cayenne le contact immédiat des futurs con-damnés. J'ai demandé que l'on séparât de la Guyane libre une province pénitentiaire, qui serait enfermée entre la Mana et la frontière hollandaise, et que l'on pourrait appeler la province du Maroni.

Le Maroni est un beau fleuve, dont l'embouchure est coupée par une barre que l'on franchit aisément, et qui forme jusqu'au saut Hermina une route d'eau ininter-rompue de 95 kilomètres. C'est une voie magnifique et gratuite de pénétration. La Pénitentiaire devrait, dans la partie supérieure du fleuve, en partant du fleuve même pour se diriger vers le sud parallèlement à la mer, abattre les bois qui couvrent le sol. Il ne s'agit plus, comme disent les forestiers, de jardiner, c'est-à-dire d'aller chercher çà et là uniquement une essence dé-terminée ; ce mode d'exploitation, qui a été employé autrefois par l'administration, a toujours été ruineux ; les essences de la Guyane sont, non pas groupées sur un même point par familles, mais dispersées et mélangées. Il faut par conséquent tout raser et trier ensuite les sujets précieux qu'on exporterait et les sujets médiocres que l'on consommerait dans la région. Sur le sol dénudé, des plantations seraient faites de jeunes arbres ou de jeunes arbustes désormais rassemblés par famille, comme les caféiers, les cacaoyers, les caoutchoucs. Cette culture n'exigerait pas que la terre fût remuée tous les ans ; et bientôt les convicts n'auraient plus qu'à cueillir sous bois les fruits ou la sève des arbres. Il serait indispensable que la Pénitentiaire, en s'éloignant du fleuve et en s'engageant vers le sud, posât aussitôt un chemin de fer à voie étroite qui s'allongerait au fur et à mesure de l'avancement des travaux. Ce chemin de fer, qui serait un outil rustique et économique, permettrait aux ouvriers de ne pas coucher sur les chantiers, mais de revenir chaque soir loger dans des maisonnettes confortables au bord de la rivière; il permettrait d'apporter jusqu'au Maroni les coupes de bois d'abord et plus tard les produits de la culture arborescente. L'exploitation des forêts de la Guyane est, à mon sens, la première industrie qu'il faille développer : ces forêts sont illimitées; elles représentent un capital énorme que la nature a créé et qu'il suffit de ramasser. En mobilisant cette valeur, nous construirions lentement, progressivement une voie magistrale de communication, qui trouverait sur place du combustible pour les machines, des cargaisons pour les wagons. Ce chemin de fer ne ferait pas double emploi avec la mer, puisqu'il en serait très éloigné; il ne ferait pas double emploi avec les fleuves, puisqu'il leur serait perpendiculaire; il devrait selon moi être tracé au bas et au plus près des sauts, qui sont des accumulateurs de force hydraulique. Je crois que le Maroni se réveillerait bien vite, si le gouvernement adoptait un pareil plan. Je propose en somme d'utiliser des routes d'eau qui existent et qui sont navigables, d'abattre des bois riches que nous placerions en Europe et d'employer des bras dont nous disposons légalement.

Et cependant la réalisation de ce plan que j'avais, dès mon retour d'Amérique, soumis au ministère de la marine, est nécessairement ajournée par suite d'un incident qui vient de se produire. La fièvre jaune s'est étendue une troisième fois sur la Guyane au cours de l'année 1885; et le gouvernement, en dépit de toutes les lois et de tous les règlements, si impératifs qu'ils soient, n'embarquera pas d'ici longtemps des convois d'Européens à destination d'un pays contaminé.

L'expérience démontre que les blancs qui n'ont pas deux ans de séjour sont les victimes désignées du fléau. Le péril de cette invasion des condamnés, que la Guyane redoutait, s'éloigne par conséquent d'elle pour quelques mois, peut-être pour quelques années; et il nous faut chercher ailleurs, sur un autre point du globe, un lieu où nous puissions conduire nos récidivistes. Je ne saurais, on le comprend, aborder épisodiquement cette face nouvelle du sujet. La Calédonie, à laquelle on a songé, affirme qu'elle est saturée de forçats et qu'elle manque de terres; je ne suis pas chargé d'exposer ici la situation exacte de la Calédonie. Demain nous aurons la baie de Diégo Suarez, où nous pourrons occuper un certain nombre de convicts. La question de la transportation pénale va donc se modifier sous le coup brutal des événements [1].

Quoi qu'il en soit de l'avenir, il est du moins certain, à l'heure actuelle, que l'exécution de la loi du 27 mai 1885, qu'on n'a pas commencée du reste, se trouve gênée par l'indisponibilité subite de la Guyane. Ce n'est pas la première fois que des lois d'expatriation n'ont pu fonctionner, parce que les lieux de destination ou les moyens de communication n'étaient pas libres. Dans ces cas-là l'administration usait d'expédients plus ou moins corrects qui ont duré des années. C'est ainsi que la déportation, prévue par le Code de 1810, s'est longtemps accomplie, contrairement à sa définition, sur le sol français. Je ne serais pas surpris qu'une loi provisoire parût nécessaire, qui, en attendant la réorganisation de nos colonies pénitentiaires, dégageât l'administration de l'observation stricte de la loi du 27 mai. Il me semble qu'un système transitoire pourrait être essayé; et je souhaiterais que le gouvernement français profitât de l'occasion pour réclamer nettement les droits que le gouvernement anglais possède vis-à-vis des condamnés à la servitude pénale.

1. Je me réserve de traiter la question de colonisation pénale à propos de la Calédonie; mais je ne voudrais traiter ce sujet qu'après avoir vu la Calédonie et jugé l'expérience qui s'y poursuit depuis vingt ans. Je me réserve aussi de parler de l'embrigadement des condamnés en compagnies de disciplinaires coloniaux.

CONCLUSIONS

La Guyane a presque toujours été, je crains qu'elle ne soit longtemps encore, la plus malheureuse de nos colonies.

L'affranchissement des noirs était commandé par le droit. Mais cette mesure a ruiné de fond en comble les anciennes familles. Le pays jusqu'à ce jour n'a pu, sur des bases nouvelles, reconstituer sa fortune économique.

L'exploitation de l'or a tiré du sol des millions que les *placériens* ont immédiatement exportés ; l'exploitation de l'or est aujourd'hui la seule industrie vivante sur cette terre qui n'a plus même d'agriculture.

La *transportation* des forçats n'a pas davantage enrichi la Guyane.

Le climat des tropiques n'est pas aussi dangereux pour les blancs qu'on l'a prétendu.

Toutefois l'épidémie de fièvre jaune, qui vient de se déclarer, ne permet pas provisoirement que les premiers convois de récidivistes soient dirigés sur Cayenne.

C'est d'ailleurs dans la province pénitentiaire du Maroni que, le cas échéant, les nouveaux condamnés devraient être établis.

La *relégation* ne relèvera la Guyane que si elle est dirigée par une administration ferme, connaissant les colonies, possédant une loi claire, armée d'un plan de campagne intelligemment dressé.

Les malfaiteurs, frappés pour une première faute, devraient tous être maintenus en France, et dépendre du ministère de l'intérieur, qui s'efforcerait de les amender dans ses prisons.

Au contraire, les récidivistes, tenus pour incorrigibles, devraient être seuls expulsés du continent, et dépendre

exclusivement, dès le jour de la condamnation, du ministère de la marine, qui mettrait leurs bras au service de
la colonisation.

Les tiraillements qui se sont produits à Cayenne (aussi
bien qu'à Nouméa) entre les fonctionnaires de l'État et
les représentants élus des populations, dans la question
notamment des propriétés domaniales et de leur meilleur
emploi, doivent cesser au plus tôt; car il importe, dans
l'intérêt supérieur du développement des colonies, que
le gouvernement central et les conseils généraux unissent
sans arrière-pensée leurs efforts, et ne les dépensent
plus en controverses aussi passionnées que stériles.

JULES LEVEILLÉ,
de l'École de droit de Paris.

Février 1886.

14365. — Imp. A. Lahure, 9, rue de Fleurus, à Paris.

9 782013 361385